정성하의

Paint It Acoustic

핑거스타일 기타리스트 정성하 3집
〈Paint It Acoustic〉 기타 악보집

SRMUSIC

안녕하세요
핑거스타일 기타 애호가 여러분!
이 악보집은 다양한 백가의 곡들로
가득차 있습니다!
이번에도 여러분의 파이팅을
기대할게요!

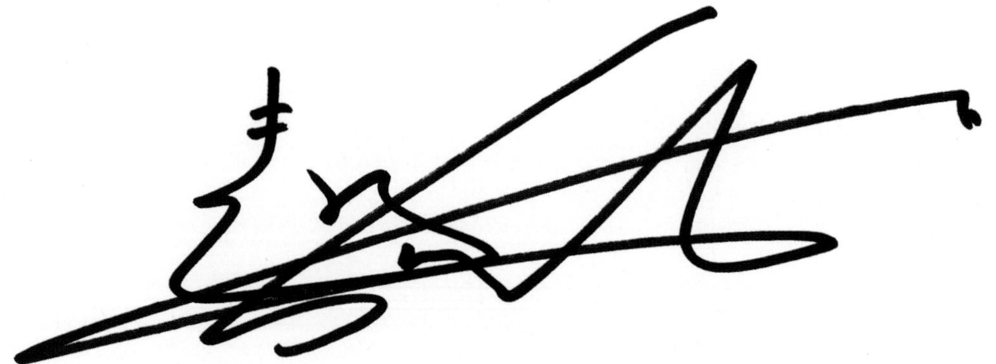

목차 CONTENTS

Paint It Acoustic

디스코그래피 DISCOGRAPHY

지금까지 정성하 군이 발매한 음반은 비공식 앨범 1장을 포함해서 총 4장이다. 1집 〈Perfect Blue〉는 커버곡 중심으로 구성되어 있으며, 2집 〈Irony〉는 자작곡의 비중을 높여서 커버곡을 함께 수록하고 있다. 3집 이전에 발매된 비공식 앨범 〈The Duets〉는 일본의 핑거스타일 기타리스트와 함께 연주한 콜라보레이션 작품이다. 그리고 2013년 4월 14일에 공식 3집 앨범 〈Paint It Acoustic〉이 발매되었다.

\<Perfect Blue\>
Sungha Jung Music

발매일
2010.06.15

정성하의 첫 앨범. 유튜브에서 인기 있었던 곡 중에서 선별한 12곡의 커버곡과 2곡의 자작곡을 수록하고 있다. 울리 베게르샤우센의 프로듀스 작품으로, 핑거스타일 기타 특유의 사운드를 잘 잡아내고 있다. 어린 정성하의 순수한 연주를 느낄 수 있는 앨범.

수록곡

01. Hazy Sunshine	08. Perfect Blue
02. Billie Jean	09. More than Words
03. One of Us	10. Livin' on a Prayer
04. California Dreaming	11. A Whiter Shade of Pale
05. Love of My Life	12. Wake Me up when September Ends
06. Fields of Gold	13. Twist in My Sobriety
07. Superstition	14. I Believe I Can Fly

\<Irony\>
Sungha Jung Music

발매일
2011.09.20

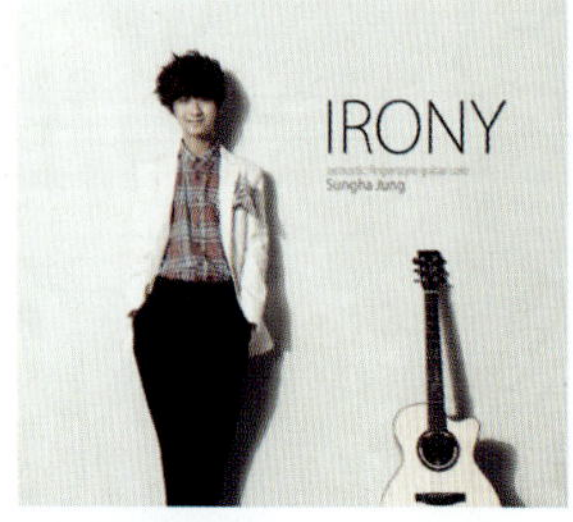

1집에 비해서 크게 향상된 연주력을 들려주는 두 번째 앨범. 자작곡의 비율도 늘어나, 핑거스타일 기타리스트로서의 실질적인 데뷔앨범 적인 성격을 가지고 있다. 이 앨범도 울리 베게르샤우센과 함께 작업을 했으며, 자작곡과 커버곡이 조화를 이루는 구성이다.

수록곡

01. For You	08. The Winner takes it All
02. Irony	09. Songbird
03. 벌써일년	10. Farewell
04. Fly like the Wind	11. Tree in the Water
05. Waterfall	12. Beat it
06. They don't care about Us	13. River flows in You
07. Fragile	14. Lonely

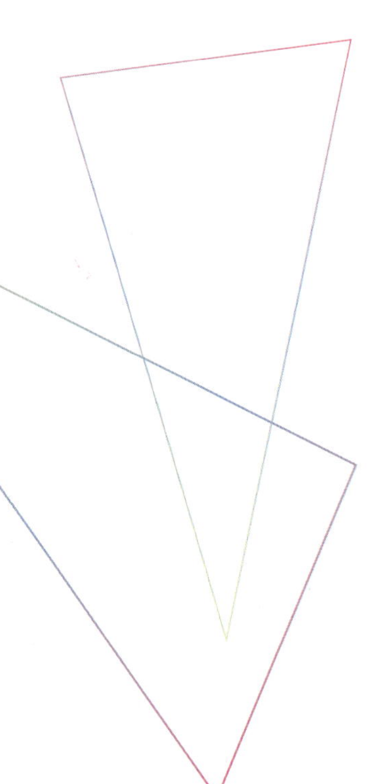

<The Duets>
Sungha Jung Music

발매일
2012.12.27

일본의 핑거스타일 기타리스트와 듀엣으로 연주한 콜라보레이션 작품. 1,2집에 실렸던 자작곡과 새롭게 선별한 커버곡들을 듀엣 버전으로 편곡해서 수록하고 있다. 린텐 오카자키, 마사 수미데 등의 기타리스트들이 일본 교토의 녹음실에 함께 모여 녹음한 핑거스타일의 기념비적인 작품이다.

수록곡
01. Change the World
02. Wayfaring Stranger
03. Ob-La-Di, Ob-La-Da
04. Perfect Blue
05. La Belle Dame Sans Regrets
06. Hazy Sunshine
07. Shape of My Heart
08. Kokomo
09. Irony

<Paint It Acoustic>
Sungha Jung Music

발매일
2013.04.15

모든 수록곡을 자신이 직접 작곡하거나 편곡을 했다. 전작에 비해서 한층 성숙해진 곡 완성도와 연주 테크닉을 들려주고 있으며, 앨범 곳곳에 다양한 음악적 요소를 넣어 다채로운 분위기를 연출하고 있다. 본격적으로 정성하 자신만의 음악세계를 표현하고 있는 앨범이다.

수록곡
01. Felicity
02. The Phantom of the Opera
　~from 'The Phantom of the Opera'
03. Sorry
04. Friends
05. On a Brisk Day
06. I Remember You
07. Nostalgia
08. With or Without You(U2)
　~with Trace Bundy
09. The Merry-Go-Round of Life
　~from 'Howl's Moving Castle'
10. Gravity
11. Hot Chocolate
12. Monster(BIGBANG)
13. Fanoe ~with Ulli Boegershausen
14. Coming Home
　~with Ulli Boegershausen

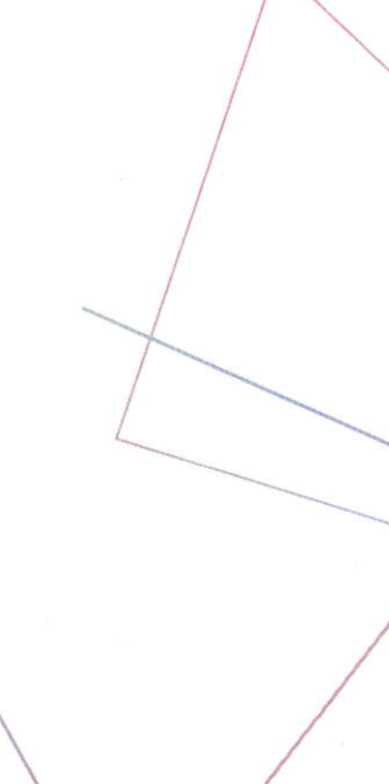

인터뷰 INTERVIEW

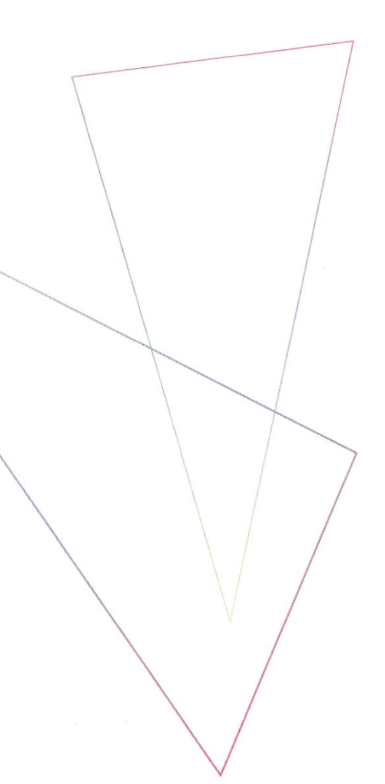

우리나라 뮤지션으로는 처음으로 유튜브 조회수 1억 회를 돌파한 주인공은 아주 앳된 모습의 어린 소년이었다. 뉴스를 통해서 이 사실이 알려지기 시작했고, 기타리스트가 아닌 일반인들마저 이 소년에 주목하게 되었다. 이 어린 기타리스트가 어느덧 세 번째 정규앨범을 발매했다. 이제는 가능성을 말하며 신기하게만 대하던 어린 연주자가 아닌, 우리나라를 대표하는 핑거스타일 기타리스트로서의 의젓한 모습으로 성장했다. 3집 〈Paint It Acoustic〉의 제작에 대해서, 그리고 이 앨범에 수록된 곡에 대한 이야기를 나누어보았다.

"제 속에 있는 감정과 느낌을 자작곡으로 표현해서 사람들에게 들려주고 싶었어요."

3집 제작에 대해서

청년이 되어버렸군요. 요즘 어떻게 지내고 있나요?

네. 하지만, 저는 다른 친구들과는 조금 다른 생활을 하고 있잖아요. 연주와 공연을 하고 공부도 함께 하느라 친구들을 만날 시간이 없어요. 때문에 사실은 성인과 같은 삶을 살고 있다고 생각해요.

성인과 같은 면도 있겠군요.

아무래도 옛날보다 성숙해진 면이 있다고 생각해요. 그래서 그런 면도 있는 것 같아요. 어려서부터 투어를 많이 다녔고, 대부분 어른들과 함께 다녔지요. 그래서 자연스럽게 어른들과 대화를 많이 하다보니 그런 것 같아요. 또래에 비해서 좀 어른 같은 면이 있다고 생각해요.

자신의 과거 연주를 되돌아본다면 어떤 생각이 드나요? 그리고 어떤 발전이 있었다고 생각하나요?

불과 몇 년 전만 해도, 한…, 2년 전의 연주만 봐도 플레이가 엉망이었다고 느껴져요. 제가 봐도 많이 부족했었다는 생각이 들지요. 그때는 주로 카피곡을 연주했고, 그렇다고 하더라도 박자감과 테크닉 모두에서 부족함이 느껴지는 연주였어요. 아직 더 성장해야 하지만, 그때보다는 많이 좋아졌다고 생각해요. 2년 후에 지금의 연주를 들어보면 더욱 성장했다는 것이 느껴지기를 바래요.

앨범의 타이틀 곡이 무엇인가요?

첫 번째 곡 'Felicity'가 타이틀 곡이에요. 앨범 중에서 유일하게 타이틀 느낌이 나요. 1집의 'Hazy Sunshine'과 2집 앨범의 'Irony' 같은 느낌의 곡이 바로 이번 타이틀 곡인 'Felicity'인 것 같아요. 힘차고, 확 다가오는 그런 느낌이랄까…. 그래서 1번 트랙에 넣은 거에요.

제목과 곡의 분위기가 잘 어울리네요.

저는 곡을 먼저 쓰고 나서 제목을 정하는 경우가 많아요. 하지만, 이번 앨범에서는 제목을 먼저 정하고 쓴 곡들도 있어요. 예를 들어 'Friends'. 그 곡은 친구들을 생각하면서 만들었어요. 중학교 때의 학교생활을 떠올리면서, 그때의 좋았던 시간과 감정들이 곡에 들어간 것 같아요.

대부분 자작곡이군요.

여러 가지의 분위기로 곡을 쓰려고 했어요. 그리고 앨범의 전체적인 분위기를 미리 정해놓고 곡을 쓰지는 않았어요. 이번 앨범은 1년이 넘는 기간동안 만든 곡들을 모은 거에요. 그 중에서 'Nostalgia'는 3시간 만에 완성되었어요. 일본의 타나카 아키히로와 울리 선생님도 이 곡을 좋아하세요. 앨범에서 가장 좋다고 하셨어요. '지브리 스튜디오의 애니메이션에 나오는 곡처럼 좋다'는 말씀을 해 주셨어요. 과찬이시죠.

그렇다면, 타이틀을 정하기 쉽지 않았을 것 같군요.
맞아요. 곡들이 다양해서 앨범의 타이틀을 정하기
힘들었어요. 반면에, 다양한 느낌의 곡들로 구성되어
있는 것이 이 앨범의 특징이기도 하죠. 앨범 표지를
디자인하신 분도 이번 앨범을 들어보고 조금
난해해하셨어요. 어떤 방향으로 디자인을 해야 할지,
콘셉트를 잡기 힘들었다고 하셨어요. 곡들의 성격이
다양했기 때문에 앨범의 표지도 그런 맥락에서 저의
여러 가지 표정을 싣게 되었다고 하시더군요.

구체적으로는 어떤가요?
작곡 자체를 다양하게 하려고 노력했어요. 'Hot
Chocolate'는 재즈틱하고 밝은 분위기로, 'Nostalgia'는
슬픈 느낌으로…. 그리고 이번 앨범에 수록된 곡 중에서
자작곡이 아닌 곡들은 지난 앨범보다 더 많은 공을
들여서 편곡을 했어요. 'The Phantom of the Opera'와
'The Merry -Go- Round of Life'는 편곡에 몇 주 이상이
걸렸어요. 원곡과도 많이 다르게, 그리고 지금까지 나온
기타버전 중에서 가장 드라마틱한 연주를 선보이고 싶은
욕심도 담겨있어요. 보통 팝송을 편곡할 때에는 하루
이상 걸리지 않는데 말이죠. 그만큼 완성도를 높이려고
노력했어요. 그리고 마지막의 두 곡은 올리 선생님과
함께 연주한 순수한 어쿠스틱 듀오 곡이에요. 트레이스
번디와 함께 한 콜라보레이션 'With or Without You'도
만족스러웠고요.

이번 앨범이 1,2집과 어떤 차이가 있다고 생각하나요?
2집 〈Irony〉에는 커버곡이 많았던 반면에 자작곡의
비중이 높지 않았어요. 그래서 이번 앨범을 통해서 제가
어느 정도 성장했는지 제 자신이 궁금하기도 했어요.
그리고 저의 자작곡을 들어보지 못하신 분들 중에는
의외로 '자작곡은 연주하지 않는가?' 하는 분들도
계세요.

자작곡을 잘 만들어 보고 싶었군요.
맞아요. 그리고 제 속에 있는 감정과 느낌을 자작곡으로
표현해서 사람들에게 들려주고 싶었어요. 그래서
저의 다양한 느낌을 여러 가지의 곡으로 표현한
거예요. 그러다 보니 앨범에 수록된 곡이 다양해진 것
같아요. 물론, 지난 번 보다 편곡에도 더 많은 시간을
할애했어요.

이번 앨범의 곡들은 미리 공개가 되지 않았는데요.
2집은 나오기 전에 모든 곡들이 오픈이 되어 있었어요.
그런 면에서 사실 고민이 되었던 부분도 많았어요.
그런데 모든 기타리스트가 유튜브 등을 통해서 자작곡을
미리 공개하지는 않잖아요. 그런데 반대로 본다면,
곡을 알아야 앨범을 구매하고 싶은 마음이 드는 것도
사실이거든요. 그래서 앨범을 발매하기 전에 곡들을
공개해야 할 것인가에 대해서 고민했던 적도 있어요.

편곡한 곡들은 어떻게 선곡이 되었나요?
일단 가장 제 마음에 들게 편곡된 곡을 실었어요. 'The
Phantom of the Opera'와 'The Merry -Go- Round of
Life'가 그렇게 선정되었어요. 일본의 타나카 아키히로의
곡 중에 'My Favorite Things'를 편곡한 연주가 있어요.
원곡은 단순히 멜로디 중심이지요. 하지만 거기에
애드립을 추가해서 멋지게 편곡이 되었어요. 'The
Phantom of the Opera'는 그 곡에서 영향을 받아서 저
역시 멋진 편곡을 해보고 싶은 마음이 있었어요.

**아마추어 핑거스타일 기타리스트도 칠 수 있도록 곡을
쉽게 만들 계획은 없었나요?**
오시오 코타로의 곡을 칠 수 있다면 저의 곡도 칠
수 있을 거에요. 주법이 비슷하거든요. 'Nostalgia',
'Friends'와 같은 곡들은 의외로 쉽게 연주할 수 있어요.
하지만 의도적으로 높은 난이도와 완성도를 노린
곡들도 있긴 하지요. 이번 앨범에서는 'The Phantom
of the Opera'가 바로 그것을 노린 곡이에요. '저렇게
어렵게 편곡해서 연주를 하는구나' 하는 생각이 들게끔
보여주고 싶은 마음도 있었어요. 'The Phantom of the
Opera'는 이번 앨범에서 가장 카피하기 어려운 곡이
아닌가 생각해요.

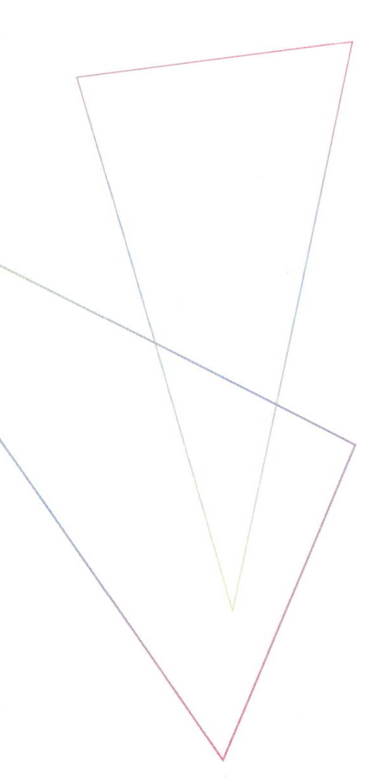

녹음 및 제작과정

이번 앨범은 일본에서 녹음했군요.
작년에 일본 투어를 했는데, 쉬는 날이 하루 있었어요.
그때 1집 수록곡인 'Hazy Sunshine'을 타나카 아키히로와
함께 녹음을 했어요. 그리고 빅뱅의 'Monster'를
테스트로 녹음을 했어요. 그런데 결과물이 너무 좋았던
거에요. 그래서 이번 앨범은 일본에서 녹음을 하게
되었어요.

타나카 아키히로와는 어떻게 함께 연주하게 되었나요?
'Hazy Sunshine'을 타나카 아키히로와 함께 공연에서
연주한 적이 있어요. 그런데 저 혼자서 연주할 때보다
더 풍부한 사운드가 나오더라구요. 그래서 이 곡을
듀엣으로 녹음해봤으면 좋겠다는 생각을 하고 있었어요.
그런 이유로 교토의 녹음실에서 함께 녹음하게 된
거에요.
타나카 아키히로는 지금껏 만나 본 기타리스트 중에서
저에게 가장 많은 에너지와 영감을 준 사람이라고
말씀드릴 수 있어요. 그와 함께 있으면 장난삼아
잼도 많이 하고 그래요. 울리 선생님도 저를 편하게
대해주시지만, 이번에는 타나카 아키히로와의 그런
재미있는 분위기가 좋았어요. 녹음은 그런 교감도
중요하다고 생각해요. 서로 장난을 칠 정도로 대하기
편하고…. 그리고 그에 따른 음악적인 시너지 효과도
있다고 생각해요.

녹음비용 등, 그 외의 조건은 어떤가요?
녹음비용 등은 한국에서와 비슷한 것 같아요. 하지만 그
외에 체류비는 어느 정도 들지요. 교토에는 10일 정도
머물면서 녹음을 했어요.

**2집과 3집 사이에 〈The Duets〉 앨범이 발매되기도
했군요.**
사실, 타나카 아키히로와 함께 연주한 'Hazy Sunshine'을
이번 앨범에 실으려고 했어요. 그런데 일본에서 저의
공연을 기획해 주시는 푸우씨가 있어요. 그분이 하시는
말씀이, 일본에 와서 녹음하기가 쉽지 않은데, 그렇다면
다른 기타리스트들과 함께 듀엣앨범을 만들어보는게
어떻냐는 제안을 해 주셨고, 그렇게 해서 〈The Duets〉
앨범을 만들게 된 거에요. 번갯불에 콩 구워먹듯이
만들었지요.

그게 가능하군요.
사실, 이 앨범에 참여한 기타리스트들의 스케줄을
보면 매우 어렵게 만들어진 거예요. 제가 도쿄에 갈
수 있는 스케줄이 안 된다고 해서 그 분들이 교토로
모여서 녹음한 거지요. 그런 면에서 특별한 앨범이라고
생각해요. 다시는 이루어지기 힘든 프로젝트 앨범이기도
하구요. 짧은 시간에 만들어졌기 때문에 스탠더드한
곡들로 구성되어 있지만, 편곡만큼은 모두 멋져요.

스케줄은 어떻게 조정을 했나요?
푸우씨가 스케줄을 조정해 주시고, 협상도 해서 개런티
등의 문제도 풀어주셨어요. 기본적으로 수록곡들만
정해놓고 기타리스트 각자가 알아서 편곡을 해 오는
방식으로 진행을 한 것이지요. 그리고 녹음실에서
만나서 맞추어보고 하루 만에 녹음을 하게 된 것이죠.
스튜디오를 빌린 기간은 총 8일이었는데, 그 중
4일은 〈The Duets〉 그리고 4일은 이번 앨범의 곡들을
녹음했어요.

**트레이스 번디와의 'With or Without You'는 어떻게
작업을 했나요?**
먼저, 제 파트를 일본에서 녹음해서 트레이스 번디에게
웨이브 파일로 보내주었어요. 그리고 트레이스는
콜로라도에 있는 자신의 녹음실에서 본인의 파트를
녹음해서 완성이 되었지요. 하지만 곡의 완성도는 정말
높았어요.

이번에도 울리 선생님이 도움을 주셨나요?
네, 항상 저의 일에 많은 신경을 써 주시죠. 이번
앨범에서 울리 선생님과 듀엣으로 연주한 'Fanoe'와
'Coming Home'은 모두 독일에서 녹음한 거예요. 그래서
이 두 곡의 사운드는 이번 앨범의 다른 곡들과 많이
달라요. 울리 선생님은 이번 앨범을 들어보시고는
자신의 사운드와 많이 달라서 낯설어 하세요. 일본
사람들은 리버브와 컴프레서를 정말 좋아한다는 말씀도
하셨어요. 아마도 문화의 차이가 있으니, 선호하는
사운드에도 차이가 있지 않을까 생각해요.

> "1집과 2집은 순수한 어쿠스틱 사운드라고 생각해요.
> 하지만 핑거스타일 곡들을 잘 들어보면
> 순수한 어쿠스틱 사운드는 아니죠."

녹음 분위기는 어땠나요?

편하고 즐거웠어요. 타나카 아키히로는 친구같아요. 마음에 들지 않으면, 몇 번이라도 다시 녹음을 해서 완성도를 최대한 높이려고 노력했어요. 스튜디오는 작았지만 장비는 좋았어요. 엔지니어도 좋고, 그런데 제가 보기에도 우리와는 조금 다른 사운드로 믹싱을 하는 것 같아요.

그렇다면, 성하군 본인은 이번 앨범의 사운드에 대해서 어떻게 생각하나요?

1집과 2집은 순수한 어쿠스틱 사운드라고 생각해요. 하지만 핑거스타일 곡들을 잘 들어보면 순수한 어쿠스틱 사운드는 아니죠. 오시오 코타로의 연주를 들어봐도 그렇고…. 사실은 이게 더 좋을 수 있겠다는 생각이 들어요. 1,2집은 너무 밋밋한 게 아닌가 하는 생각이 들기도 하고, 〈The Duets〉 앨범을 만들면서 내추럴한 것보다는 어느 정도 가공이 된 사운드가 더 좋다는 생각이 들었어요. 새로운 시도인 것 같기도 하고…. 이번 앨범에서 사운드가 갑자기 바뀌긴 했지요.

이전과 달라진 녹음의 기술적인 부분이 있다면?

울리 선생님과 녹음을 할 때는 2개의 마이크로 녹음을 했어요. 이번에는 마이크 3개에 픽업사운드를 블렌딩했어요. 하지만, 믹싱에서 사운드가 가장 크게 바뀌는 것 같아요. 예를 들어서, 마사키 키시베는 픽업을 사용하지 않지만, 픽업사운드와 같은 사운드를 내잖아요. 믹싱에서 그런 소리를 만들어 내는 거지요. 픽업 사운드를 함께 녹음하더라도 그 비율이 이렇게 크지는 않다고 생각해요.

직접 프로듀스도 했나요?

우선은, 타나카 아키로히와 함께 녹음하는 것에 대한 확신이 있었어요. 그래서 타나카 아키히로에게 공동 프로듀서를 제안했지요.

프로듀스는 어떤 방식으로 했나요?

우선은 녹음을 하고, 부스 밖으로 나와서 상의를 했지요. 타나카 아키히로가 이런 저런 제안을 하고, 그러면 제가 OK를 해서 받아들이고, 앨범 분위기를 맞추어 가는 방식으로 작업을 했어요. 그리고 그런 의도로 타나카 아키히로와의 작업을 시작한 거예요. 타나카 아키히로가 많은 부분 도와주었어요. 연주의 디테일을 잡아 준 부분도 많았고, 아무래도 경력과 경험이 저보다 훨씬 많잖아요.

의견이 맞지 않았던 부분은 없었나요?

물론, 저도 제 의견을 말하곤 했지요. 하지만, 아키히로의 의견이 대부분 맞아요. 정말 실력을 믿을 수밖에 없어요.

항상 Lakewood의 시그네처 기타를 사용하지요?

네. 모든 면에서 다른 기타를 사용할 이유가 없기 때문이에요.

악기세팅은 어땠나요?

대부분은 저의 메인기타로 녹음했어요. 그리고 한 곡은 바리톤 기타로 녹음했어요. 'Gravity'죠. 그것도 Lakewood에서 만들어 준 것인데, 음역이 낮고 줄도 굵지요. 바디도 좀 크고요. 오시오 코타로의 곡 중에서 'Fight !'도 바리톤 기타로 연주한 거예요. 아, 그리고 픽업은 항상 사용하던 대로 Sunrise와 Oval을 사용했어요.

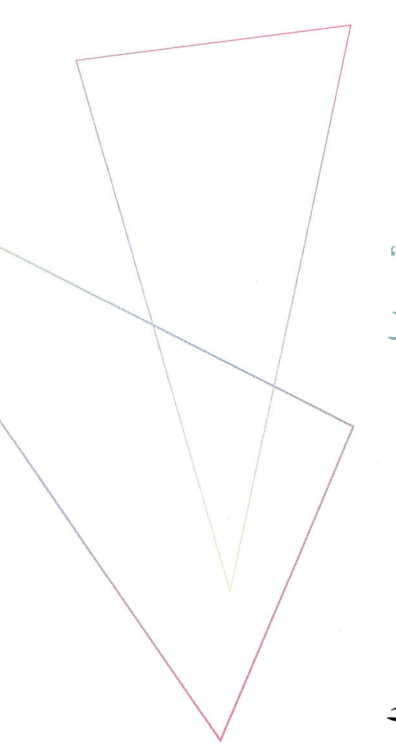

수록곡

1. Felicity

어떤 의미를 표현한 것인가요?
기쁨이지요. 한 단어로 이야기하면 기쁨일거에요.

튜닝은 어떤가요?
저는 다른 곡을 카피하면서 좋다고 생각하는 튜닝을
가져오는 경우가 있어요. 에릭 몽그레인의 곡 중에서
'Air Tap'이라는 곡이 있는데, 이번에는 그 곡의 튜닝을
가져온 거예요. 오픈으로 연주하면 F코드가 나오는
튜닝인데, 그 튜닝의 첫 시도에요. 그리고 오시오
코타로의 느낌을 내고 싶어서 스트로크도 많이 넣고,
태핑도 많이 했어요. 그래서인지 타이틀 같은 면도
있는 것 같아요.

타이틀 곡이군요.
네. 하지만 특별히 타이틀이라고 생각하고 만든 곡은
아니에요. 완성해보니 그렇게 된 거지요. 다른 곡들과는
차별화되었다는 생각도 들어요.

**거침없으면서도 편안하게 연주하고 있네요. 연속되는 퍼
커시브 주법도 매력적이고요.**
풍부한 느낌을 내려는 의도로 그렇게 연주를 했어요.
그리고 오시오 코타로도 이 튜닝은 사용하지 않았어요.
이름을 붙이자면 '오픈F'가 맞겠죠?

1,6번 줄 음이 F인가요?
맞아요. 그래서 이 곡을 연주할 때는 줄이 끊어지지 않게
조심하면서 튜닝을 해요. 어떤 때는 줄이 끊어지기도
하기 때문이지요.

2. The Phantom of the Opera

왜 이곡을 편곡하게 되었나요?
편곡을 제대로 한 번 해보자는 생각을 했어요. 이
곡은 '제대로'라는 말을 할 수 있는 첫 번째 편곡인
것 같아요. 타나카 아키히로가 편곡한 'My Favorite
Things'의 멜로디는 단순해요. 멜로디의 반복에 키만
바뀌고…. 하지만 멋지게 편곡이 되었어요. 저도 단순한
멜로디지만, 애드립을 넣는 등의 방법으로, 어떻게 보면
나만 칠 수 있도록 어렵고도 멋지게 만들어 봐야겠다고
생각했어요. 중간에 키도 한 번 바뀌고, 좀 더 강렬한
느낌을 주려고 했어요.

리듬이 강조된 듯 하군요.
원곡대로 연주하면 비트감이 아쉽다는 생각이 들어요.
강한 느낌도 나지 않지요. 그래서 왈츠느낌의 비트를
넣어서 연주했어요. 'Merry -Go- Round of Life'도
마찬가지로 왈츠의 비트를 넣어서 연주했어요.

엔딩이 인상적이네요. 풍부한 표현이랄까?
엔딩에서 라스게아도 같은 주법도 나오지요. 저스틴
킹의 주법에서 영향을 받았어요. 중국의 기타
페스티벌에서 저스틴 킹을 만났는데, 'Phunkdified'라는
곡에서 3단 라스게아도를 연주하더군요. 저스틴 킹만의
주법인데 상당히 특이해요. 그것을 보고, 엔딩을
웅장하게 표현해 보려는 생각이 들어서 이 주법을
활용해 본 거예요.

완성도가 높군요.
제가 편곡한 곡 중에서 가장 노력을 많이 한 곡이에요.
몇 주가 걸릴 정도였으니까요. 이 곡과 더불어 'Merry
-Go- Round of Life'는 제가 가장 자신있어하는
편곡이에요. 원곡과는 다른 느낌을 얻을 수 있어서
만족스러워요.

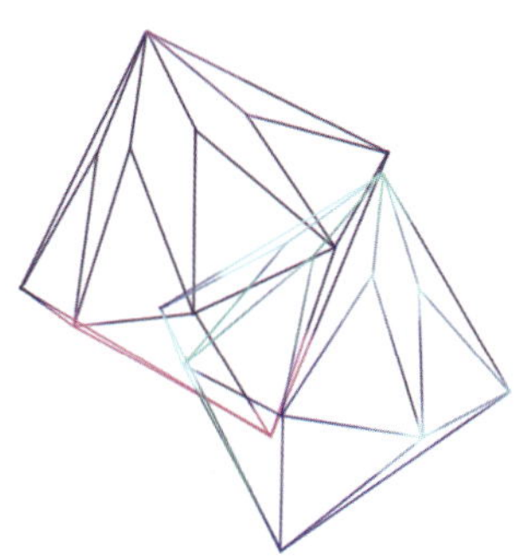

4. Friends

친구를 편안하게 생각한 느낌이네요.

이 곡은 제목을 먼저 생각해 놓고 만든 곡이에요.
중학교를 졸업한 후, 연주 활동을 하다가 집에 있을
때면 가끔은 힘들었거든요. 학교는 항상 시끌벅적했고
친구들이 있었는데…. 게다가 저는 기숙사 학교를
다녔기 때문에 친구들과 재미있게 지냈던 날들이
많았어요. 그래서인지 모르겠지만, 지금은 가끔 외로울
때가 있어요. 이 곡은 그런 외로움을 털어버리고 싶어서
친구들과의 즐거웠던 일들을 생각하면서 만들었어요.
그래서 통통 튀는 느낌이 되어버린 것 같기도 해요.

워킹 베이스도 재미있군요.

대부분의 곡들은 1절과 2절이 비슷하잖아요. 팝송도,
가요도 그렇지요. 노래를 부르는 거라면 가사가 바뀌니
지루하지는 않잖아요. 하지만 기타 연주는 변화를
주어야한다고 생각을 했어요. 지루해지지 않도록
말이죠. 그래서 워킹 베이스와 같이 재미있는 주법을
2절에서 연주해보면 어떨까 생각한 거지요. 사실 저는
이런 요소를 넣는 것에 대해서 경험이 부족했기 때문에,
곡의 분위기가 크게 바뀌지 않는 선에서 변화를 준
거지요.

밝은 느낌이군요.

저의 곡 중에서 이런 느낌은 많이 없었어요. 주로 어두운
느낌이었지요. 'Irony'도 그렇고, 'Hazy Sunshine'도
그렇고요. 슬픈 느낌의 곡들을 주로 만들었던 것 같아요.
하지만 이 곡은 밝고, 제목대로 친구가 생각나는 그런
곡인 것 같아요.

튜닝은 어떤가요?

이 곡의 튜닝은 어디에서 가져오지 않았어요. 그냥
'이렇게 하면 어떨까?' 생각하면서 여러 가지로 시도를
해 본 것이지요. 이 곡의 튜닝을 오픈으로 치면 이상한
코드가 나와요. 그런데 코드를 잡으면 밝고 예쁜 소리가
나오더군요. 그래서 '아, 이 튜닝이 좋겠다'라고 생각을
하게 되었어요.

튜닝에 대해서도 여러 가지로 생각하는군요.

그런 경우가 가끔 있어요. 정튜닝이나 다른
기타리스트가 사용한 튜닝을 가져오는 것에 식상해지면
다양한 생각을 하게 돼요. 그래서 나만의 튜닝을 한 번
만들어 보자는 생각에 무작정 페그를 돌려보는 거지요.

3. Sorry

팬이라면 궁금해 할 것 같은 의미군요.

제목을 정할 때 잘 안떠오르고 느낌이 오지 않을 때가
있어요. 그럴 때는 아버지와 상의를 하곤 하지요.
이 곡은 아버지께서 '곡에서 좀 미안한 느낌이 들지
않니?'라는 의견을 제시해 주셨어요. 그런데 그런 느낌과
잘 어울리더군요. 사실 곡을 만들 때는 그런 느낌을
생각하지 못했는데, 이렇듯 다른 느낌으로 와 닿을 수도
있는 것 같아요.

**솔로 중에 음이 올라갔다가 내려오는 부분이 재미있어
요. 그 부분은 어떤 의도인가요?**

처음에 곡을 만들 때는 그 부분이 없었어요. 이 곡을
울리 선생님께 보냈는데, 반복이 많아서 새로운 요소를
넣어야 하지 않겠냐는 의견을 말씀해 주셨어요. 그래서
분위기도 바꿀 겸 해서 스케일을 넣게 되었어요.
처음에는 안 어울리는 것 같았지만, 연결되는 부분을
손보고 조금 다듬으니 단조로운 부분이 사라져
버렸어요. 동영상으로 공개되어 있는 연주와는 많은
부분에서 바뀌었지요.

멜로디가 매우 좋네요.

이 곡은 3집에 수록된 곡 중에서 가장 먼저 만든
곡이에요. 멜로디가 단순하고 코드도 Em, F#, G,
A, Am의 순서로 차례로 올라가요. 어떻게 들으면
단순하겠지만 멜로디에 많이 신경을 썼어요. 멜로디가
한 번에 와 닿을 수 있도록 말이죠. 그리고 서정적으로
표현하려고도 했어요.

5. On a Brisk Day

이 곡도 밝은 느낌이네요.
네. 이 곡도 제목을 먼저 생각한 후에 만들었어요.

성격이 밝은가요? 자신의 성격이 어떻다고 생각하나요?
아무래도 어두운 곡들이 많이 나오는 이유 중 하나는,
제 감정이 섞여있지 않은가 해요. 저도 이유는 잘
모르겠는데, 어두운 곡들이 많이 나와요. 그런데
요즘에는 'Friends'와 같은 그런 곡들이 만들고
싶어졌어요. 저도 잘 느끼기 힘들지만, 요즘의 제 느낌이
곡을 쓰면서 나타난다는 생각이 들어요. 그렇다 해도 제
곡은 마이너 비율이 많은 것 같아요.

화창한 날에 무엇을 하고 싶나요?
소풍? 산책?

곡 자체가 기분 좋은 느낌이군요.
이 곡은 2중주로 연주할 수 있어요. 그리고 처음으로
만들어 본 데파페페 분위기의 곡이에요. 다른 사람하고
데파페페의 곡을 연주하면 즐거운 기분이 들어요.
단순히 편곡해서 듀엣으로 연주하는 게 아니라 한
사람은 멜로디를 연주하고, 한 사람은 받쳐주고,
박자감도 느껴지고…. 데파페페의 곡을 다른 사람하고
같이 칠 기회는 좀처럼 없어요. 그래서 동영상을 올릴
때는 혼자 멜로디 치고, 거기에 다시 혼자서 백킹을 하고
그러거든요. 다른 사람하고 같이 연주하면 재미있을 것
같다는 생각을 하고 있었어요.

2중주를 위해서 만들어진 곡이군요.
콘서트에서 게스트와 함께 데파페페의 곡을 연주한 적이
있거든요. 그래서 저도 제 곡을 다른 사람과 함께 즐겁게
연주해보고 싶다는 생각이 들었어요. 데파페페 분위기의
곡을 2중주로 연주할 수 있도록 말이죠. 처음으로 이런
곡을 만든 만큼, 새로운 시도였던 것 같아요.

6. I Remember You

생각나는 누군가가 있나요?
그렇지는 않아요. 이 곡도 곡을 먼저 만들고 제목을
붙였어요. 그런데 좀 특이한 부분이 있어요.

어떻게 특이한가요?
피크를 써서 연주해요. 피크로 스트로크를 하고, 그리고
중간중간에 나오는 애드립도 피크로 연주했어요.
저로서는 새로운 시도지요.

일렉기타를 배운 게 도움이 되었나요?
아직 피크가 서툴긴 해요. 일렉기타는 몇 달 배우지
못했어요. 그리고 지금도 많이 못 치고 있고요. 하지만,
일렉기타는 배울 게 많은 것 같아요.
이곡의 중간에 태핑이 나오는데, 오른손과 왼손을 모두
사용하는 태핑이에요. 그 부분에서는 피크를 사용하지
않아요. 그래서 피크를 입에 물고 태핑을 하고, 다시
피크를 잡지요. 그런 시도를 해 본 것도 재미있는
부분이지요.

처음 피크를 사용한 곡이군요.
네. 처음으로 피크로 연주한 곡이에요. 그리고 처음부터
끝까지 스트로크가 중심이 되는 자작곡은 처음이었던 것
같아요.

> "새벽에 무슨 느낌이 들었는지 모르겠는데, 그런 멜로디가
> 나오더군요. 신기한 것 같아요. 짧은 시간 동안에 제 마음에
> 드는 멜로디가 나올 수 있다니…."

7. Nostalgia

드라마의 배경음악 같기도 하네요.
처음에 이 곡을 아버지에게 들려드렸을 때, 사극의 테마
음악 같다는 말씀을 해 주셨어요. 타나카 아키히로는
일본의 애니메이션 곡 같다고 했고요. 울리 선생님도
너무 좋다고 말씀해 주셨어요.

주법은 어떤가요?
특별한 주법은 사용하지 않았어요. 그냥, 잔잔하게
연주한 곡이에요.

제목은 어떻게 정했나요?
팬 카페에서 공모를 했어요. 이 곡을 들려주었고, 여러
사람들이 보내 주신 제목 중에서 골랐어요. 그리고 보니
이 곡도 이런 재미있는 에피소드가 있네요. 그런데
공모를 해 보니 의외로 좋은 제목을 많이 보내주셔서
정하는 게 쉽지는 않았어요.

멜로디가 매우 좋네요. 작곡은 어렵지 않았나요?
의외로 쉽게 작곡을 했어요. 새벽에 3시간 만에 완성을
했으니까요. 그 후에 조금씩 바뀐 부분이 있긴 하지만요.
새벽에 무슨 느낌이 들었는지 모르겠는데, 그런
멜로디가 나오더군요. 신기한 것 같아요. 짧은 시간
동안에 제 마음에 드는 멜로디가 나올 수 있다니….

감성적인 멜로디는 새벽에 잘 나오기도 하지요.
어떻게 보면 이 곡이 이번 앨범에서 가장 단순한 곡인
것 같아요. 연주하기도 쉬워서 제 감정을 잘 전달할 수
있었던 것 같아요. 저에게 있어서 제 감정을 잘 표현할
수 있었던 곡이라 생각해요.

8. With or Without you

시작부분의 딜레이 사운드가 인상적이네요.
미국투어때 트레이스 번디와 이곡을 같이 연주하곤
했어요. 그때는 벨기에 기타리스트의 편곡
버전이었지만, 이번 앨범에 수록하기 위해 저의 파트는
제가 직접 편곡했어요. 트레이스는 많은 장비들을
가지고 있는데, 그 중에서 루핑머신을 자주 사용해요.
이 곡의 첫 부분은 딜레이의 일종인 오토볼륨이펙터라는
장비를 사용해서 효과음을 만들었어요. 원곡의 느낌을
살려주기도 해서 트레이스와 함께 이 곡을 연주할 때는
공연에서도 사용을 하지요.

**원곡은 절규하는 느낌이에요. 표현이 어렵지는 않았나
요?**
딱히 그런 부분은 없었어요. 트레이스와 함께 공연할
때마다 연주했던 곡이기도 하고요. 결과가 어떻게
나올지 충분히 예상을 할 수 있어서 수록을 하게
되었어요.

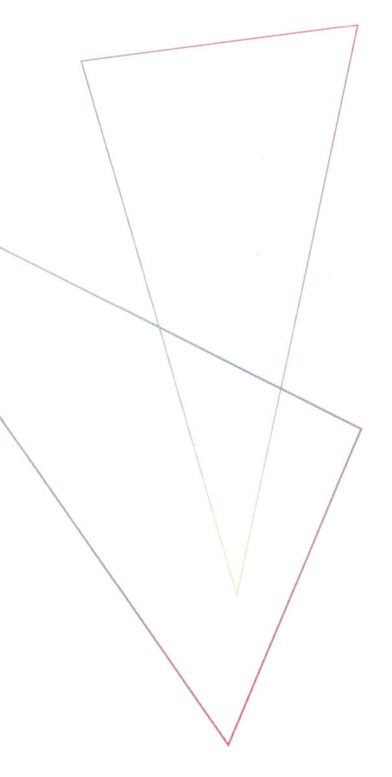

> "리듬감과 텐션감을 잘 표현해야 했거든요. 그게 특히 어려웠어요.
> 그래서 스텝들이 녹음 부스에 들어와서 드럼을 치는 시늉을 하면서
> 리듬감을 표현하도록 도와주기도 했어요."

9. The Merry –Go- Round of Life

지브리의 애니메이션을 좋아하나요?
사실, 〈하울의 움직이는 성〉이 처음 본 지브리의
애니메이션이에요. 애니메이션도 좋았지만, 그 곡이
너무 좋아서 기억에 남아 있었어요. 다른 사람이 편곡한
것도 연주해 보았는데, 단순한 느낌이었어요. 그래서
직접 편곡을 해보고 싶다는 생각을 하게 되었어요.
'The Phantom of the Opera'도 다채롭지만, 이 곡이 더
다채로운 요소를 넣어 편곡이 되었다고 생각해요. 키가
바뀌고, 중간에 리듬이 크게 바뀌는 부분도 있지요.

**명곡이지요. 유명한 곡이기도 하고. 녹음에 부담감은 없
었나요?**
의외로 한 번에 녹음한 곡이에요. 다시 연주한 부분도
없었고, 프로듀서도 한 번에 OK를 해버렸어요.

10. Gravity

강한 느낌이네요. 게다가 리드미컬하기도 하고요.
이 곡은 바리톤 기타로 연주했어요. 그리고 이
앨범에서 가장 녹음하기 힘들었던 곡이기도 하지요.
이 곡을 녹음할 때 타나카 아키히로가 옆에서 많이
도와주었어요. 연주하기 힘들었거든요. 그루브도 느껴야
하고, 속도감도 있고, 다양한 스킬이 들어간 곡이라….
아키히로도 녹음하기 힘들겠다고 생각했던 것 같아요.

기분 좋은 텐션이 느껴지네요.
그것 때문에 녹음하는 데에 오래 걸렸어요. 리듬감과
텐션감을 잘 표현해야 했거든요. 그게 특히 어려웠어요.
그래서 스텝들이 녹음 부스에 들어와서 드럼을 치는
시늉을 하면서 리듬감을 표현하도록 도와주기도 했어요.
아마도 바리톤 기타의 묵직한 사운드 때문에 텐션감을
더욱 느끼셨을 수도 있어요.

제목은 어떻게 정했나요?
이 곡도 녹음할 때까지 제목을 정하지 못하고 있었어요.
그런데 녹음을 마친 후에 아키히로가 'Gravity'가
어떻냐고 제안을 한 거고요. 저 역시 좋다고 생각했어요.
역시 곡 제목을 정하기란 쉽지 않은 것 같아요.

바리톤 기타는 자주 사용되지 않지요?
그렇지요. 이 곡은 제가 처음 바리톤 기타로 연주한
곡이에요. 오시오 코타로, 앤디 미키 등도 바리톤
기타로 연주한 곡들이 있어요. 저 역시 그런 부분에서
영향을 받아서 시도하게 되었어요. 저로서는 새로운
시도고, 그런 면에서 많은 노력을 했다고 생각해 주시면
좋겠어요.

11. Hot Chocolate

핫 초코 좋아하나요?

많이 먹지요. 달콤한 느낌이고요.

이 곡은 리버브가 더욱 부각되어 들리는군요.

이 곡은 재지한 느낌의 곡이에요. 그래서 아키히로가
다른 곡과는 조금 다른 사운드를 제안해 주었어요. 재즈
느낌이니까 마이크보다 픽업의 비율을 조금 더 높여서
녹음하고 싶어했지요. 결과적으로 픽업의 비율을 높여서
녹음을 했어요. 다른 곡보다 좀 더 마그네틱한 사운드가
들어간 거지요.

코드도 재지한 느낌이군요.

코드도 그렇고…, 2집에 수록되어 있는 'Farewell'의
연장선에 있는 곡이라고 보시면 돼요.

왜 재즈를 생각하게 되었나요?

이 곡도 많은 과정을 거쳐서 만들어지게 되었어요.
처음에는 보사노바 느낌으로 만들려고 했어요. 그런데
곡을 만들다가 막혀버리고 말았어요. 멜로디도
안나오고…. 처음에는 보사노바 느낌이 좋다고
생각해서 시작했지만 해보지 않았던 장르기 때문에
막혀버린 거지요. 그래서 원점으로 다시 돌아가서
재즈의 느낌으로 바꾸게 되었어요. 코드도, 리듬에서도
재즈의 느낌을 내려고 했어요. 어떻게 보면 실패작을
살려낸 경우가 아닌가 생각해요. 언젠가는 보사노바
곡을 연주해 보고 싶어요.

12. Monster

GD(G-Dragon)를 좋아하지요?

네, 좋아해요. 그래서 GD에게서 허락을 받아 수록하게
되었어요. 제가 빅뱅 노래 중에서 가장 좋아하는 곡이고,
GD의 팬이기도 하구요. 그래서 편곡을 했고 앨범에
싣고 싶은 마음이 있었어요. 2집에서는 'Been Already
a Year'라는 제목으로 '벌써일년'을 편곡해서 넣기도
했잖아요. 하지만 이번 앨범에서는 가요를 편곡한 곡이
'Monster' 말고는 없어요.

이 곡을 수록한 이유는 무엇인가요?

곡 자체가 파워풀하고 웅장하잖아요. 그 느낌을 기타로
옮기고 싶었어요. 그래서 태핑도 넣고 스트로크도 많이
했지요.

빅뱅에서 GD만 좋아하나요?

아니요, 다 좋아해요!

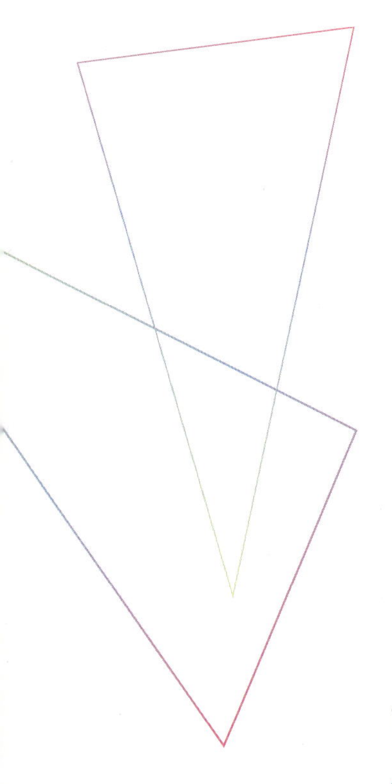

13. Fanoe

이 곡은 어떻게 해서 수록하게 되었나요?
3집 이전에 나온 〈The Duets〉 앨범은 원래는 만들 계획이
없었어요. 울리와 듀엣하고, 트레이스와 듀엣하고
아키히로와 듀엣을 해서 3집 앨범에 모두 넣으려고
했어요. 그런데 푸우씨의 제안으로 〈The Duets〉 앨범을
만들게 되었지요. 그래서 아키히로와의 듀엣곡은 〈The
Duets〉 앨범에 넣게 되었고, 트레이시, 울리와 함께
연주한 곡은 이번 앨범에 싣게 된 거예요.

울리 선생님과의 연주는 어땠나요?
예전에 울리 선생님과 함께 'Coming Home'을 연주한
적이 있어요. 원래 울리 선생님이 만들어 놓았던 곡인데
어떻게 해서 저와 함께 연주하게 된 거지요. 개인적으로
'Coming Home'을 연주했을 때의 느낌이 너무 좋았어요.
그래서 이번 앨범에 'Coming Home'을 넣게 되었고,
울리 선생님에게 함께 연주한 곡을 하나 더 넣고 싶다고
했어요. 그래서 'Fanoe'가 함께 수록된 거지요.

'Fanoe'가 무슨 뜻인가요?
덴마크의 어떤 섬 이름이에요. 울리 선생님이 이 섬을
여행하면서 영감을 받아서 쓴 곡이라고 해요. 예전
울리의 앨범에도 실렸던 곡인데, 너무 좋아하는 곡이라
다시 녹음해서 저의 앨범에 넣으면 좋겠다는 생각이
들었어요.

울리 선생님과 파트를 어떻게 나누어 연주했나요?
〈The Duets〉 앨범에서도 그렇듯이, 울리 선생님은
각자의 연주를 분리해서 믹스를 하는 것 같아요. 이곡은
처음에 나오는 아르페지오 백킹이 저의 연주에요. 왼쪽
스피커를 중심으로 나오지요. 전주 후에 나오는 솔로가
울리 선생님의 연주에요.

14. Coming Home

이 곡도 울리 선생님과 함께 연주했군요.
이 곡도 처음은 제가 백킹을 하고 울리 선생님이 먼저
솔로를 연주해요. 그리고 제가 솔로를 연주하지요.
이 곡은 멜로디와 곡 제목이 너무 잘 맞아 떨어지는
느낌이에요. 잔잔하지만 무언가 집이 주는 편안함을
느낄 수 있는 곡이라는 생각이 들어요.

녹음을 마친 후의 소감은 어떤가요?
이번 앨범도 편안하게 녹음을 했어요. 즐거운
분위기에서…. 지금 1,2집을 들어보면 마음에 들지 않는
부분이 많이 있어요. 테크닉 부분도 그렇고…. 그래서
이번 앨범에서는 연주에 욕심을 내려고 했고요, 또
많이 노력했어요. 만족할 만한 결과가 나왔다고 생각을
하고요, 그만큼 많은 분들이 사랑해 주셨으면 하는
바램이에요.

기타 & 장비소개 GUITARS & EQUIPMENTS

정성하 군이 사용하는 기타와 장비들을 소개하겠다. 이는 많은 팬들과 뮤지션들의 요청에 의해 특별히 공개되는 것이다. 2집 앨범 〈Irony〉보다 훨씬 진화된 성하군의 사운드가 어떤 악기와 장비들을 통해 만들어졌는지, 그리고 평소의 연습이나 곡 작업에 사용되는 장비들에 대해서 알아보자.

기타 Guitars

▲Lakewood M48CP. 스프러스탑, 마카사 에보니 백&사이드사양의 메인기타

▲Lakewood Sungha Jung Signature Model. 스프러스탑, 인디안 로즈우드 백&사이드 사양. Lakewood에서 Ulli Boegershausen에 이어 두 번째로 제작한 아티스트 시그네쳐 모델

▲Yamaha 클래식기타 NCX 2000FM 모델

▲Lakewood 클래식 기타

▲Lakewood M18 Model. 스프루스탑, 오방골 백&사이드 사양

▲Lakewood A48CP. 스프루스탑, 마카사 에보니 백&사이드 사양. 정성하 군이 어릴 때, 작은 체구에 맞게 제작된 기타

▲Lakewood 바리톤 기타. 스프러스탑, 인디안 로즈우드 백&사이드

▲Yamaha 사일런트 기타 SLG110S

▲Fender Custom Delexe 모델. 유튜브에 'Canon Rock'을 연주해서 올릴 때 사용했던 기타다

▲또 하나의 일렉기타는 Gibson의 Traditional Honey Burst 모델

우쿨렐레 Ukuleles

▲하와이의 우쿨렐레 제조회사 Kanilea
에서 제작한 기타렐레. 기타렐레는 우쿨
렐레와는 다르게 튜닝방식이 기타와 같
다. 다만, 기타보다 4도 높은음을 낸다.
이 제품은 프리미엄 코아로 제작된 모델

▲하와이의 우쿨렐레 제조회사 Kamaka
의 테너 우쿨렐레. 올코아 모델이다

▲Anuenue의 정성하 시그네쳐 테너 우
쿨렐레. 이 제품도 올코아 모델

▲Anuenue의 Harp Ukulele. 일반적인
4줄 우쿨렐레에 베이스음을 내주는 4줄
이 추가되어서 풍부한 소리를 낼 수 있다

▲Anuenue의 정성하 시그네쳐 콘서트
모델

▲독일 Lakewood에서 제작한 여행용
우쿨렐레

앰프 & 이펙터 Amps & Effectors

▲AER Compact 60/2. 소규모 공연에서 사용한다

▲Fender Blues Junior 앰프. 일렉기타용 앰프

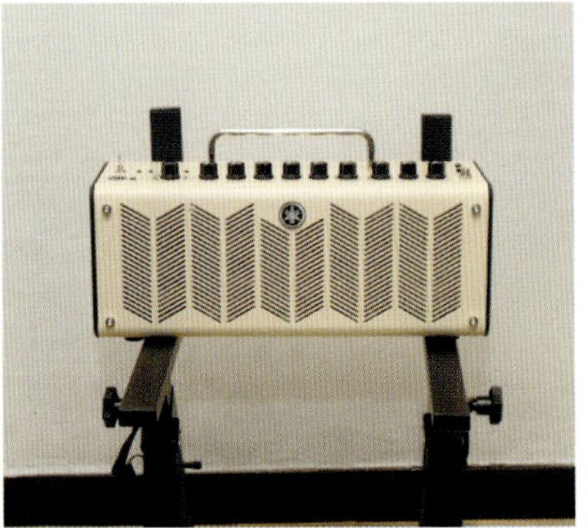

▲Yamaha THR-10 앰프. 일렉기타와 어쿠스틱기타 모두에 사용할 수 있다

▲Pendulum SPS1. 어쿠스틱 프리앰프의 최고급 제품으로 제임스 테일러, 이글스 등의 유명뮤지션들이 사용한다. 부피와 무게 때문에 아쉽지만 국내공연에서만 사용한다고 한다

▲AER Dual Mix Pocket Tool. 가격대성능비가 우수한 2채널 프리앰프, 리버브 기능이 있으며, 사용하기 편리하다

▲M-Factory 프리앰프. 공연에서 사용한다

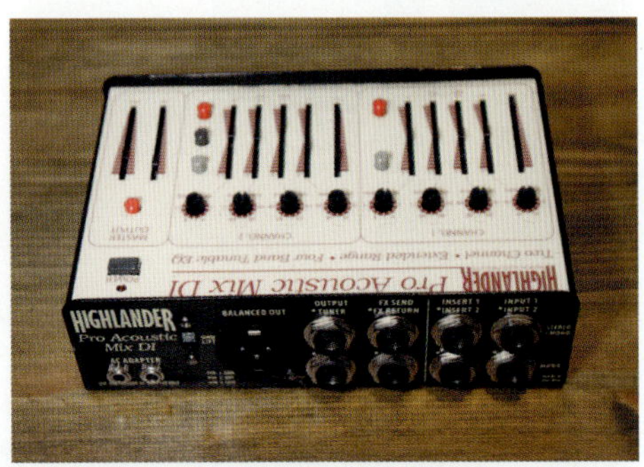

▲Highlander PAMDI 어쿠스틱 프리앰프겸 DI. 해외공연에서 주력으로 사용하는 프리앰프다

◀Lexicon LXP-1 Reverb. 지금은 생산되지 않지만, 따뜻한 느낌의 리버브 사운드를 내주어 공연 때에는 항상 가지고 다닌다

그 외 etc.

▲녹음할 때 사용하는 DTM 장비들. 아이맥 컴퓨터와 Grace Design Lunatec V3 프리앰프, RME Fireface400 오디오인터페이스, Genelec 802A 모니터 스피커를 사용한다. 녹음 프로그램은 Logic Pro

▲영국의 G7th에서 처음으로 제작한 아티스트 시그네쳐 카포다. 정성하 시그네쳐 모델

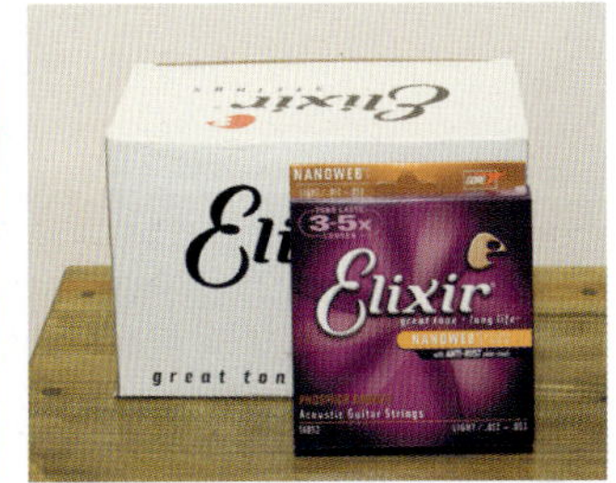

▲줄은 Elixir의 Phospher Bronze Light Nonoweb을 사용한다

▲손톱 손질용으로 사용중인 아크릴릭 제품. 일본 Harmony사의 것으로 강력한 탄현을 위해 사용한다

▲Neumann KM184mt 페어세트. 어쿠스틱기타 녹음에 탁월한 성능을 발휘하는 고품질의 마이크다

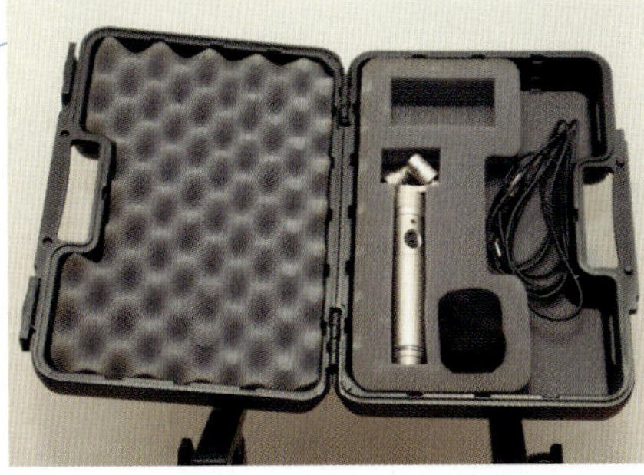

▲Rode NT4 마이크. 스테레오 녹음이 가능하다

▲기타모형. 외국의 팬에게 받은 선물. 팬들이 기타에 관련된 선물을 많이 한다고 한다

▲기타장식. '소리골박물관'에서 득템한 기념품 (오르골)

▲십자수. 중국의 어느 소녀팬이 만들어서 보내준 선물. 3개월의 제작 기간이 걸렸다고 한다

Paint It Acoustic

3집 〈Paint It Acoustic〉 기타 악보
SCORES

Paint It Acoustic

Felicity

작곡 정성하
© Sungha Jung Music

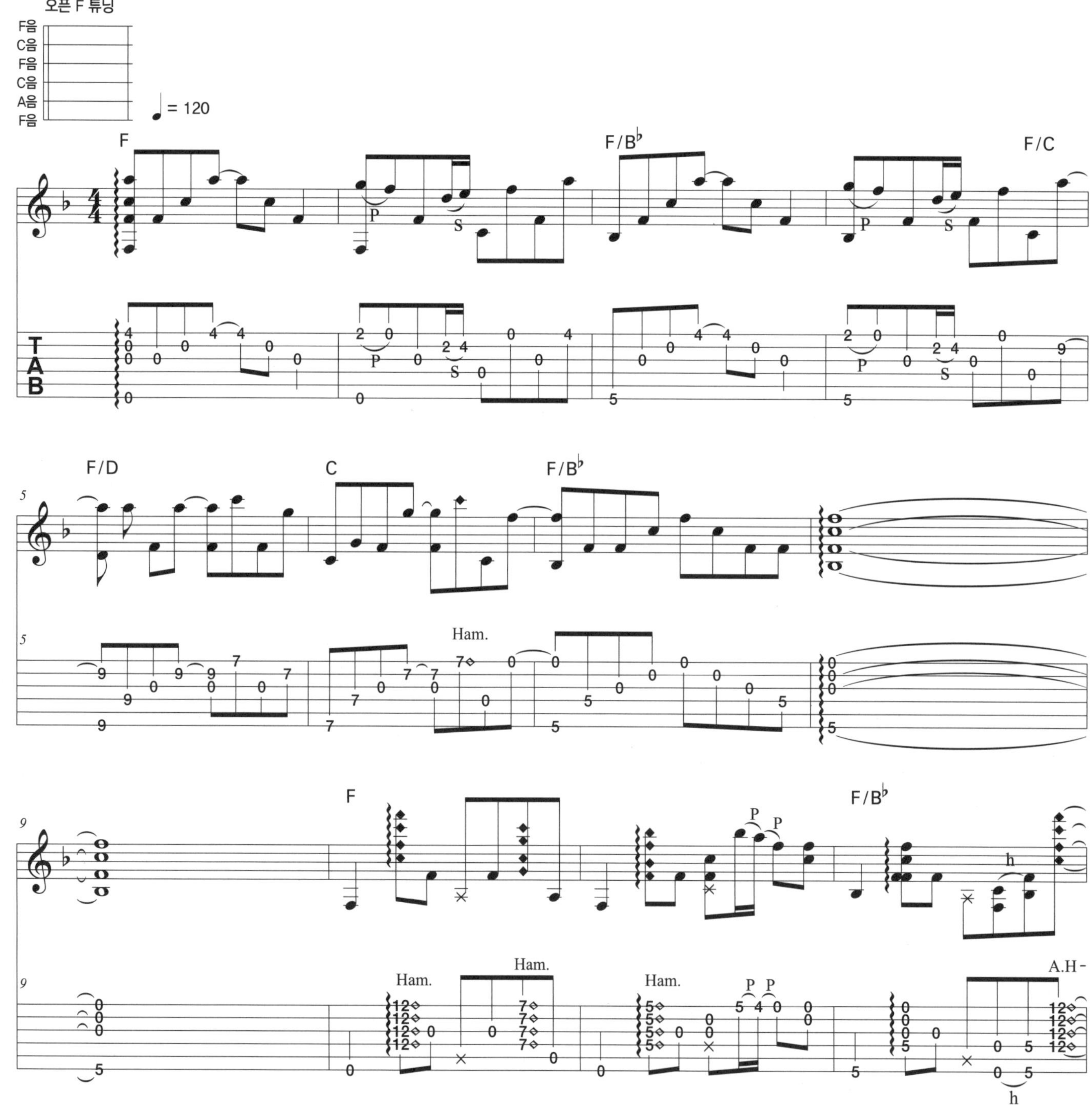

F/B♭
Ham.
Ham.
Ham.
F
F/B♭
F/D
F/C
B♭
C11
F
F/B♭
F/C
F/D
F/C
B♭

F/D
C 11
F/B♭
C
F
B♭
F
Gm
B♭
C
F
F
B♭
F
Gm
B♭
F
F/B♭
F/D
F/C
F/B♭
A.H
Ham.

Paint it Acoustic

F/D
C11
F/Bb
C11
F
F/Bb
F/D
C11
F/Bb
C
F
F/Bb
F
F/Bb
Ham.
Ham.
A.H
A.H
A.H
S

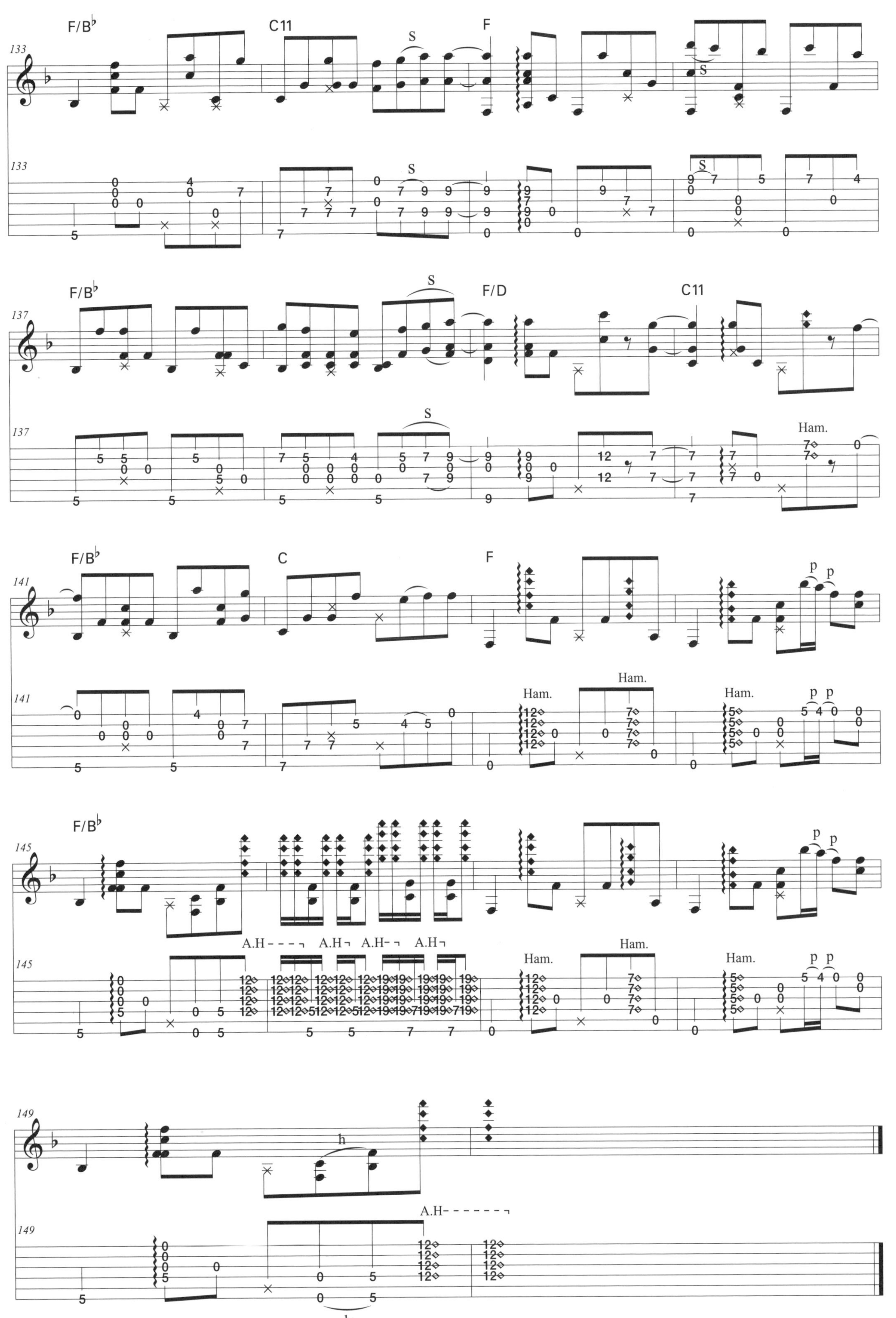

F/B♭
C 11
F
F/B♭
S
F/D
C 11
F/B♭
C
F
Ham.
Ham.
p p
F/B♭
A.H
A.H
A.H
A.H
Ham.
Ham.
Ham.
p p
h
A.H
h

The Phantom of the Opera

~from "The Phantom of the Opera"

Music by Lloyd Webber, Andrew / Hart, Charles A. / Batt, Mike /
Stilgoe, Richard Henry Zachary S.
UNIVERSAL MUSIC PUBLISHING KOREA

Bm
Em
A
Bm
Em
A
Bm7
Bm
F#
♩ = 80
Bm
G
F#
Em
A
Bm
Em

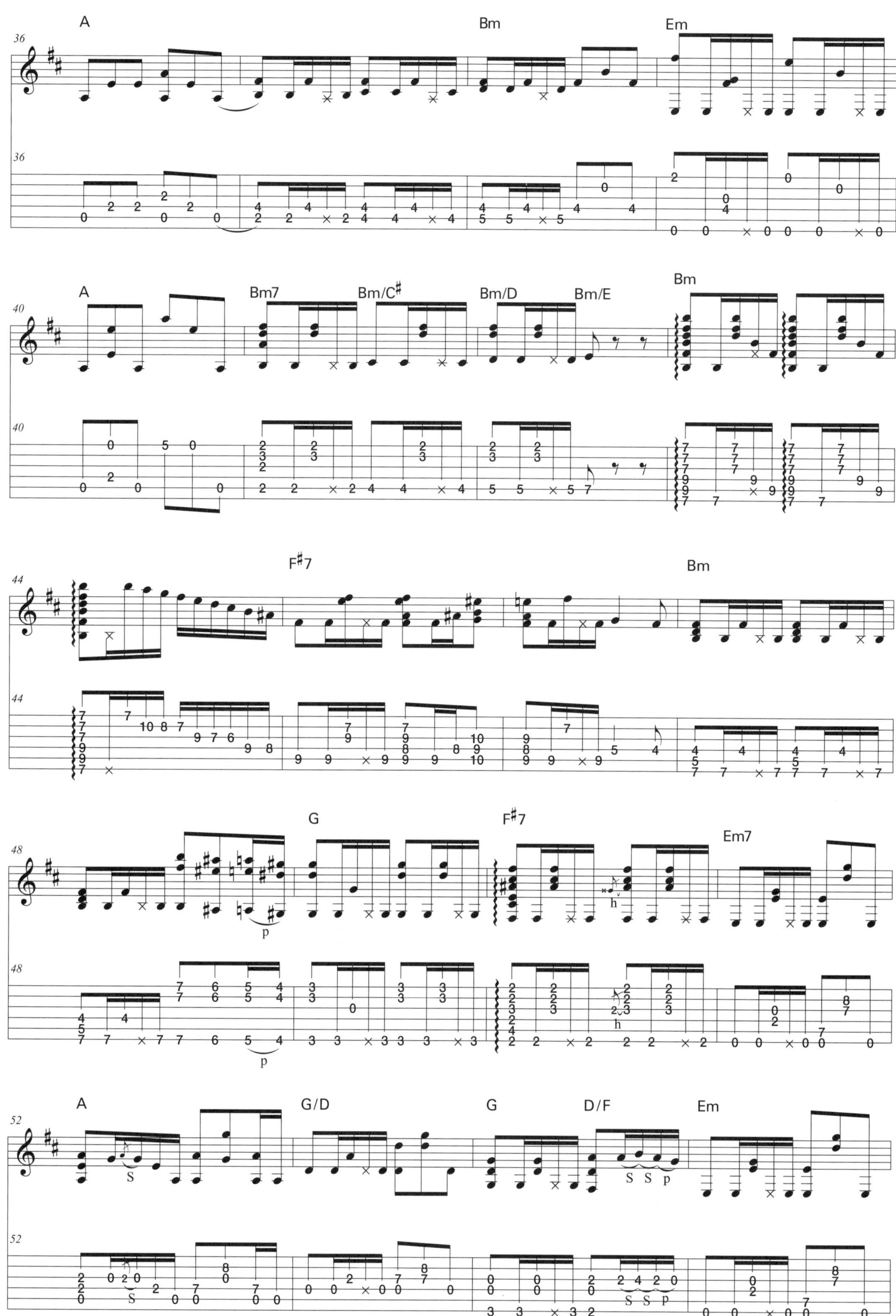

36
Paint it Acoustic

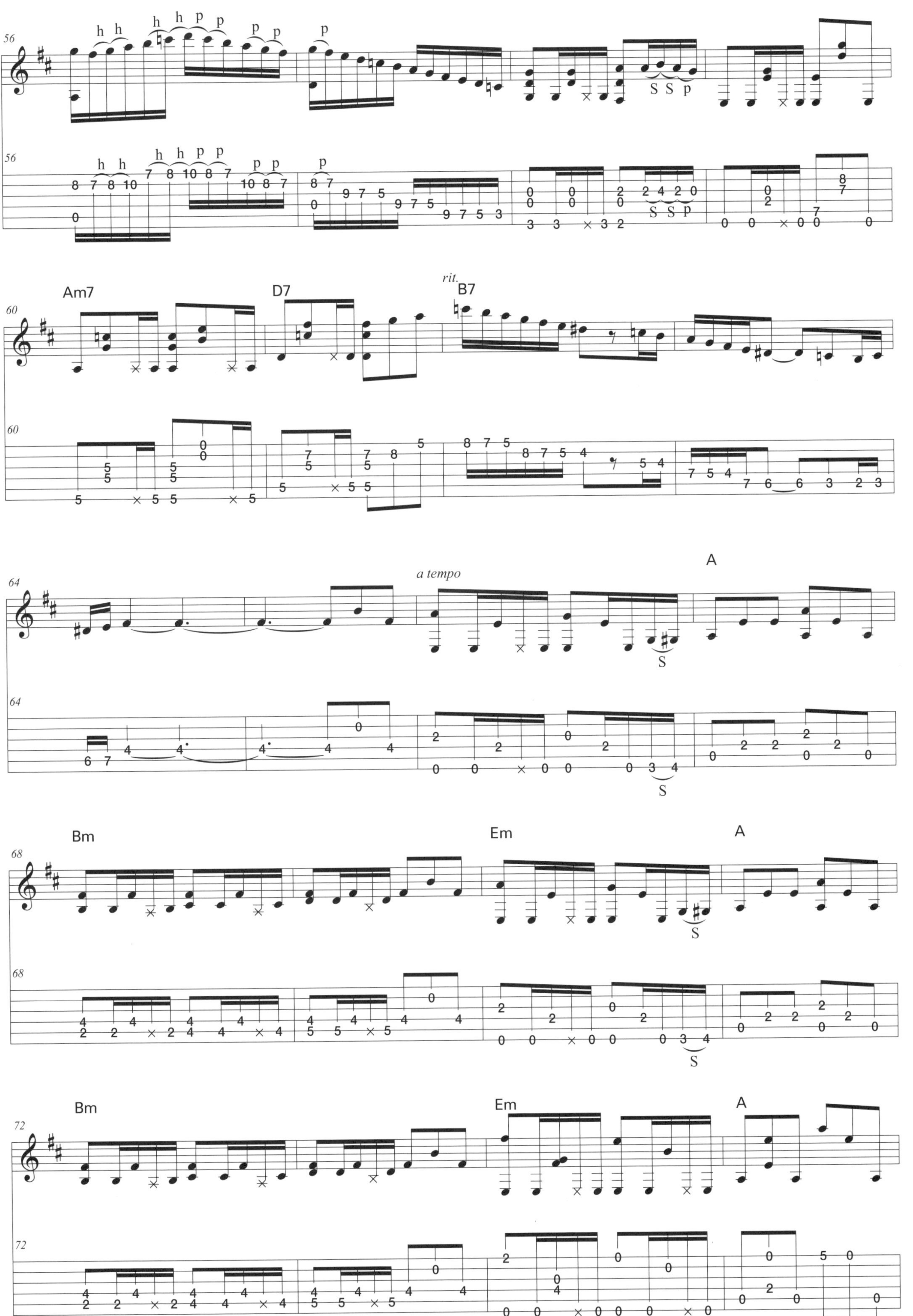

The Phantom of the Opera

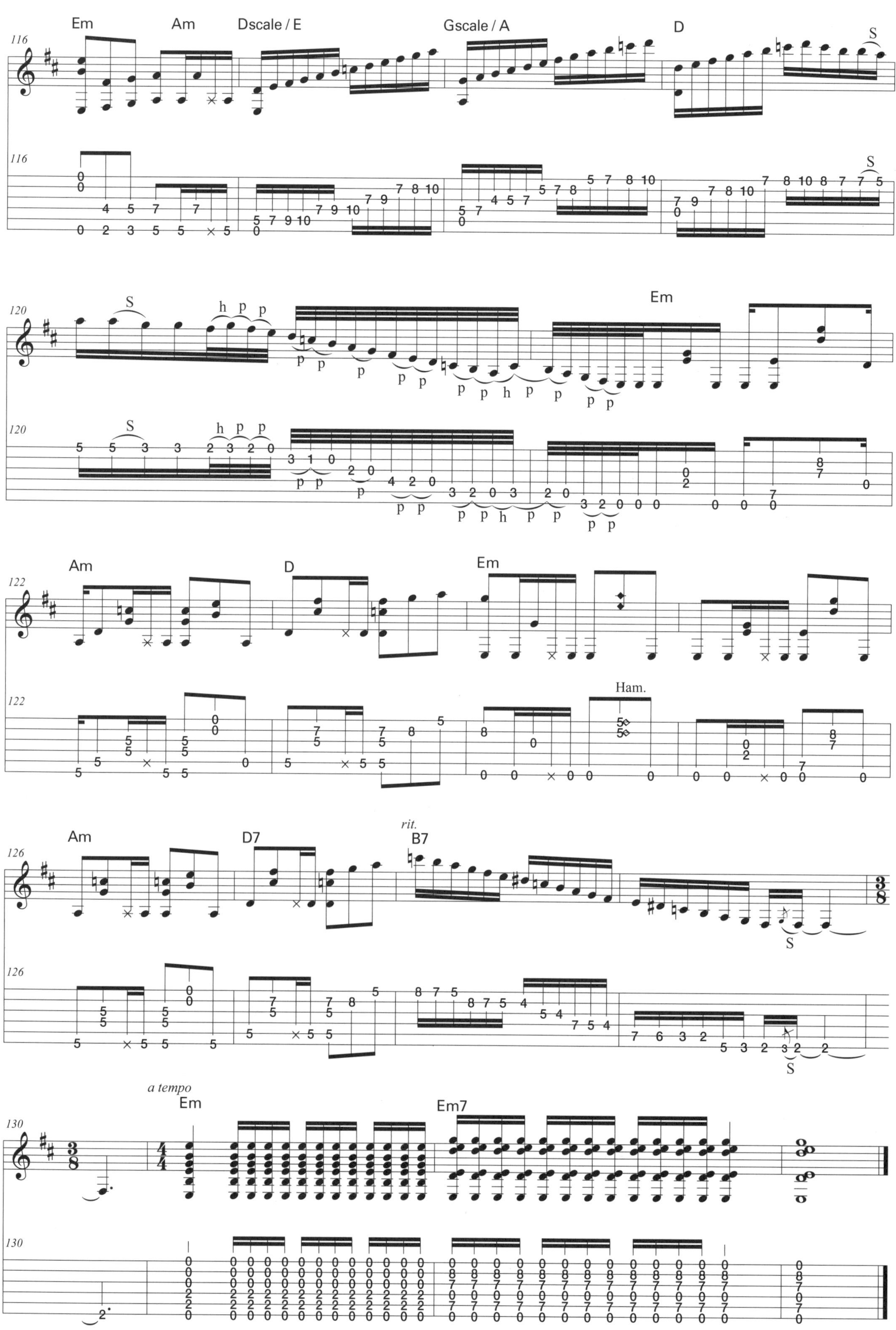

Em
Am
Dscale / E
Gscale / A
D
S
Em
S
h p p
p p
p
p p
p p h p p
p p
Am
D
Em
Ham.
Am
D7
rit.
B7
S
S
a tempo
Em
Em7

Sorry

Em
B/A
G
Ham.
12
Am
D
G
Adim7
Em
Adim7
G
Am
D
B
Em
G#dim7
Am
D7
G
73
77
81
85
89
45
Sorry

113
117
G
121
Am
D
G
125
G
B/A
E
B/A
G
G#dim7
Am
D9
G(b5)
rall.
1/4
= 70

Friends

작곡 정성하
© Sungha Jung Music

Paint it Acoustic

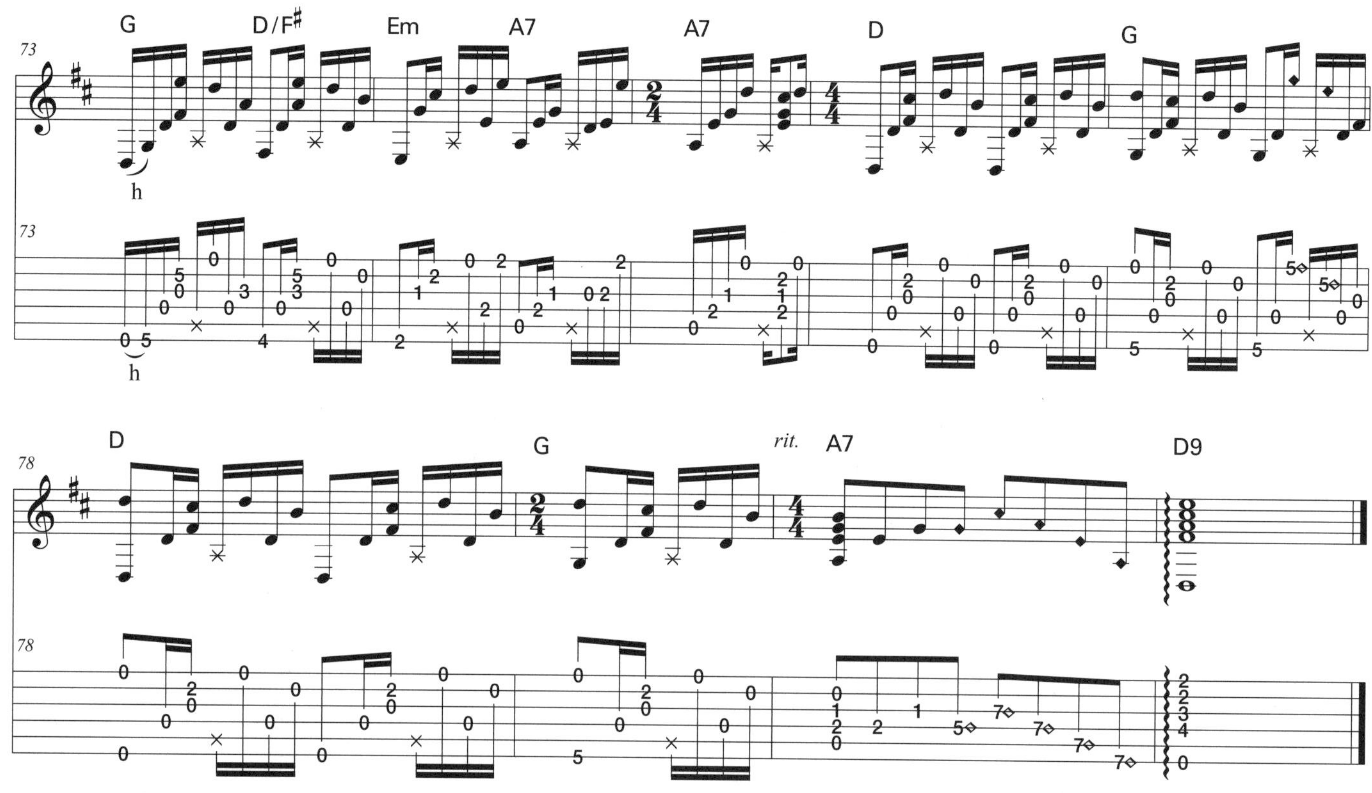
G
D/F#
Em
A7
A7
D
G
D
G
rit. A7
D9

On a Brisk Day

작곡 정성하
© Sungha Jung Music

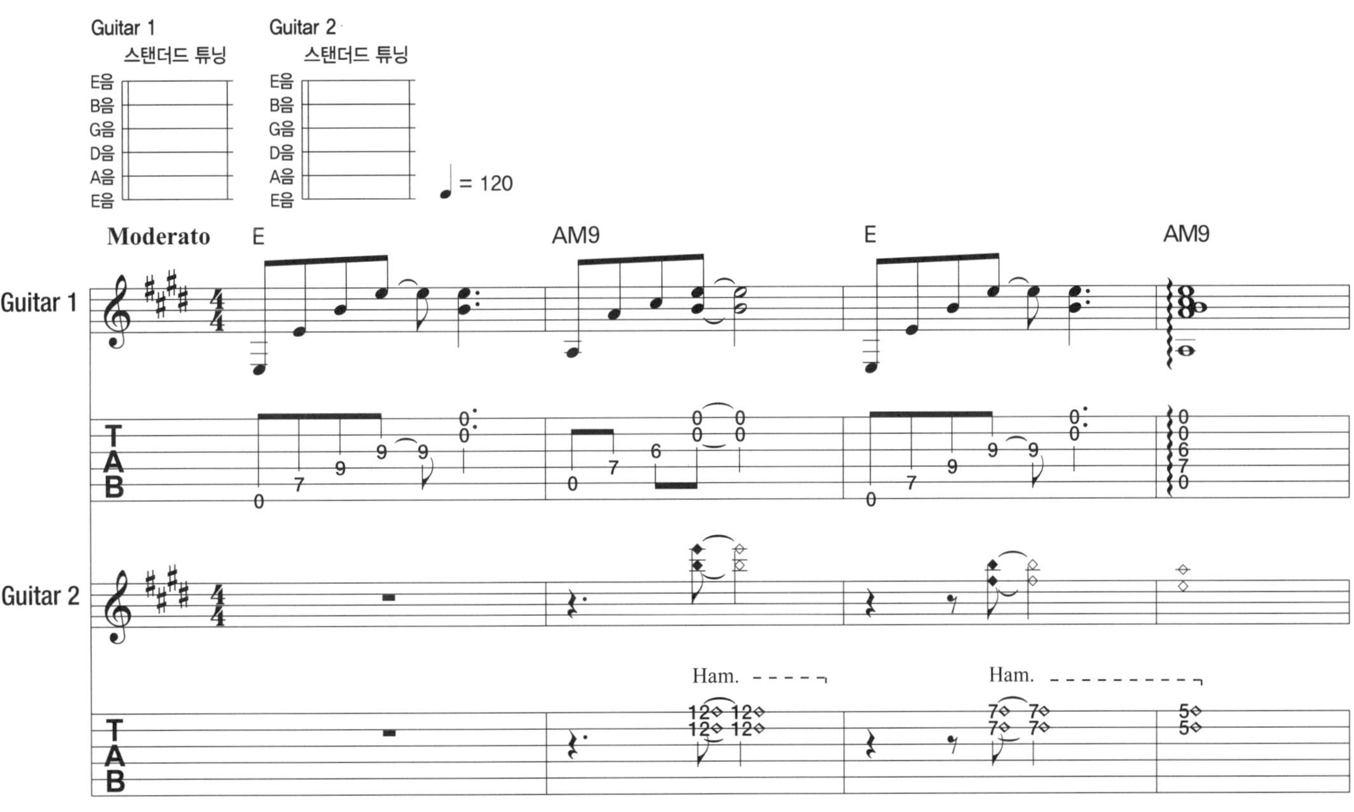

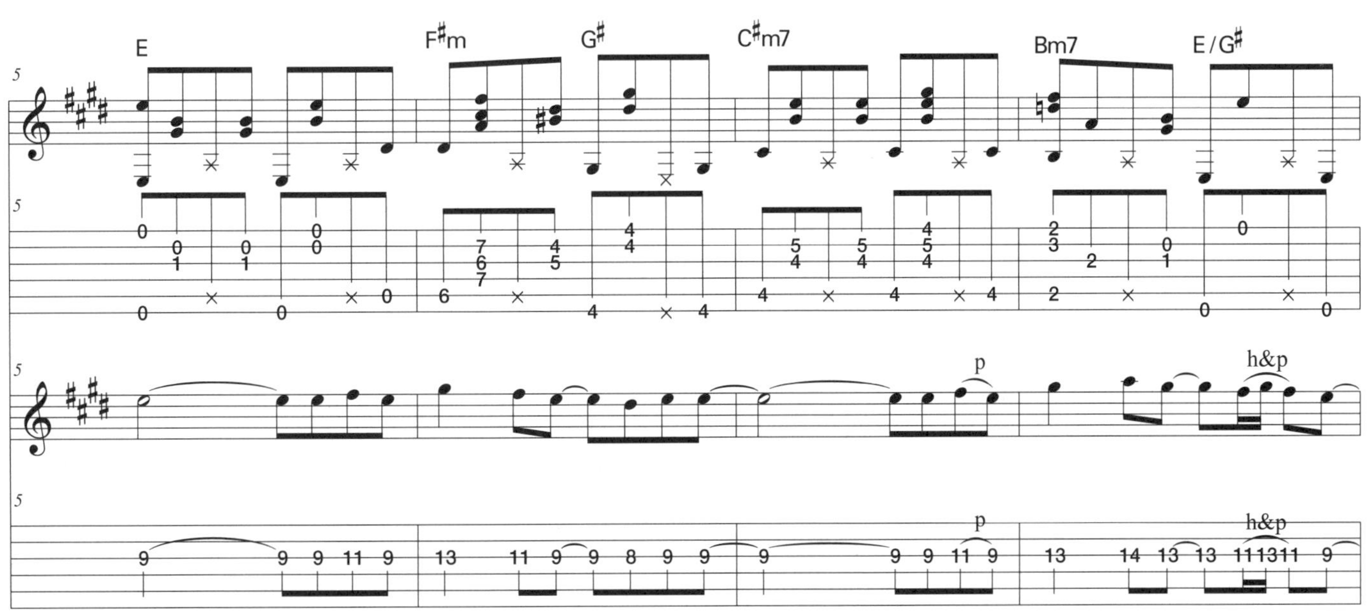

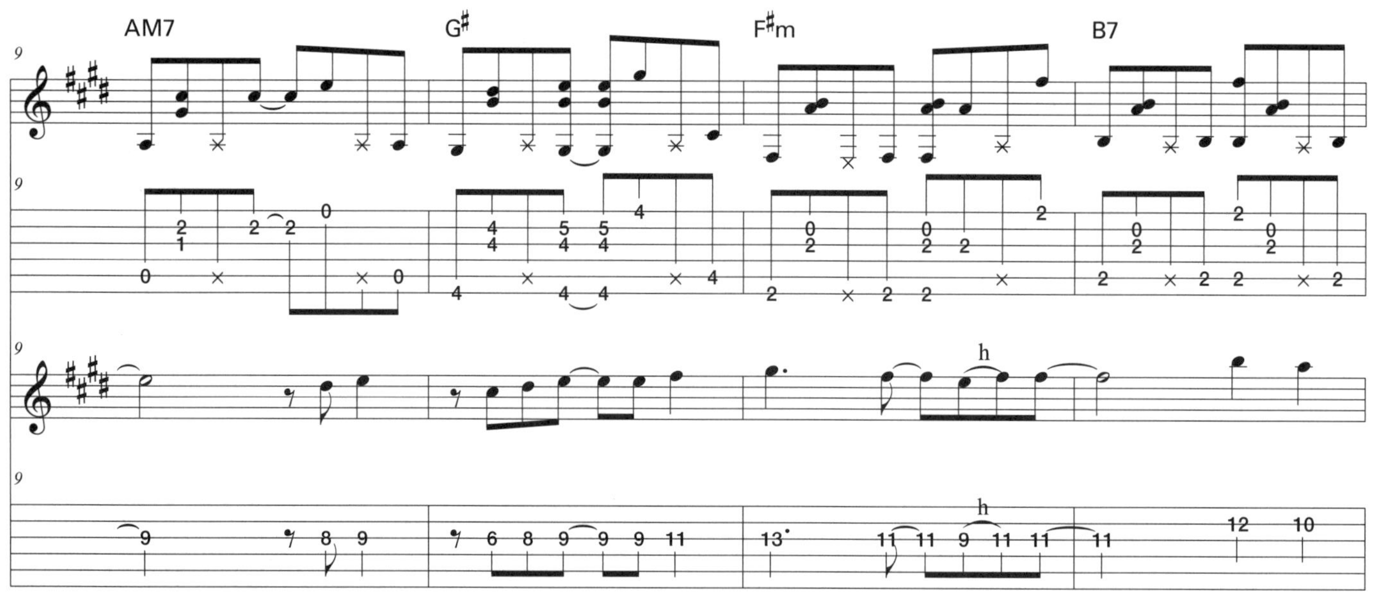

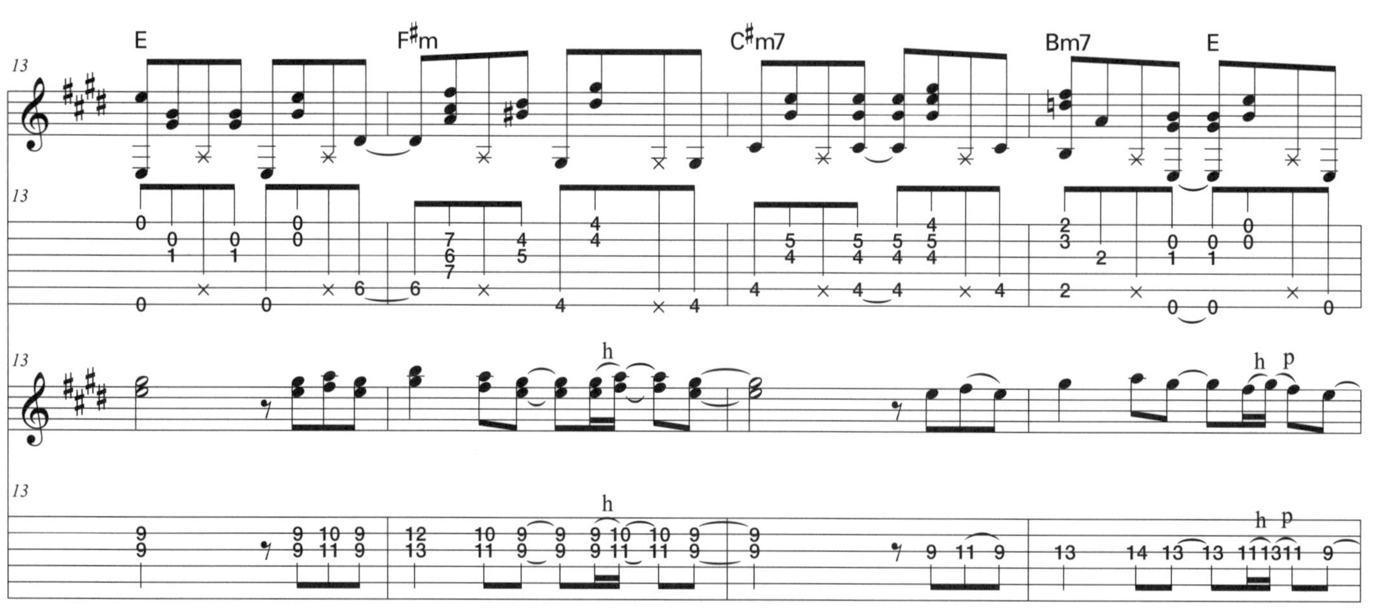

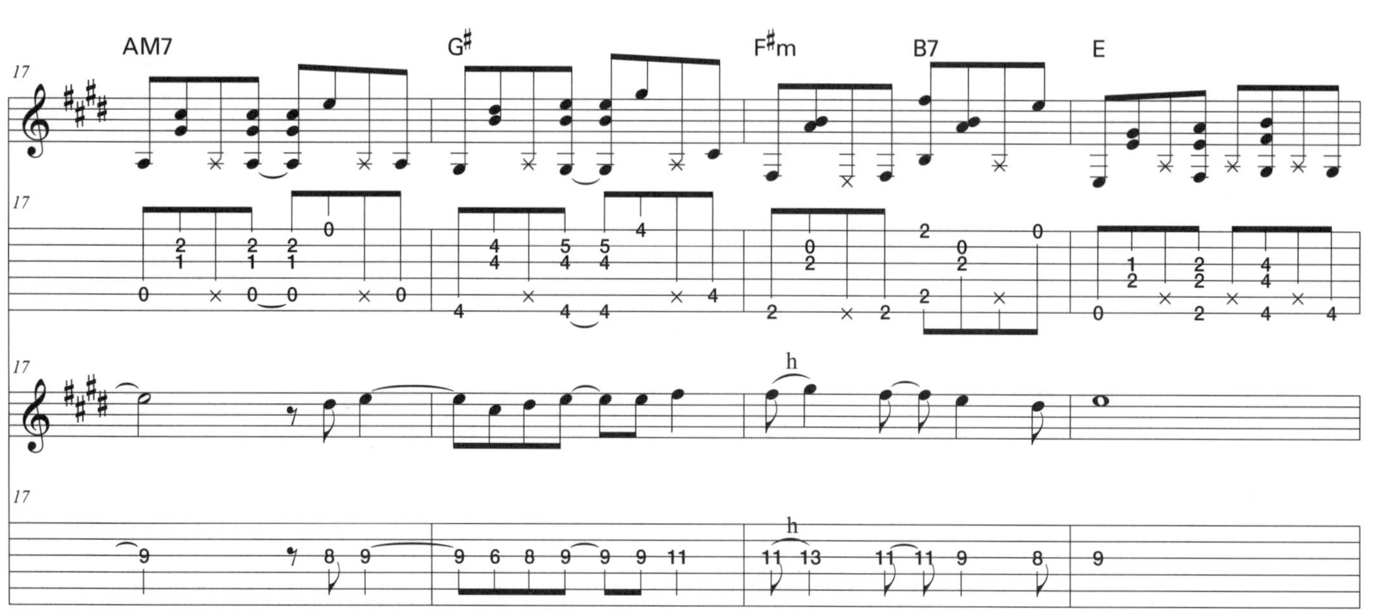

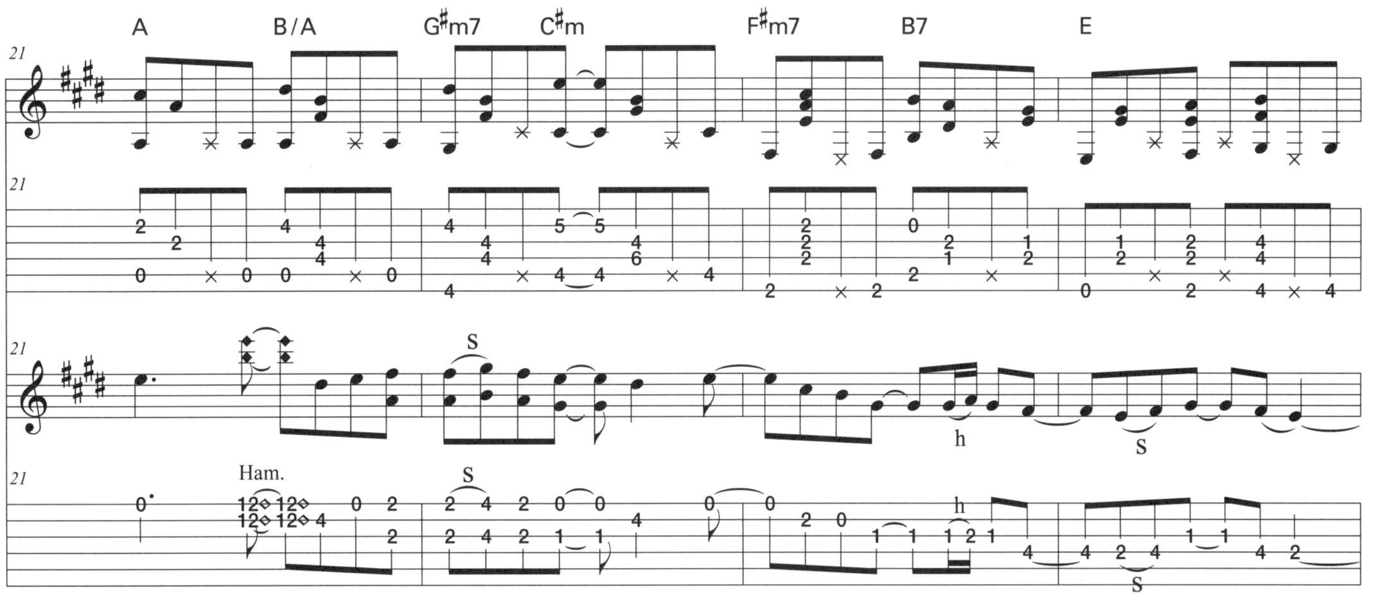

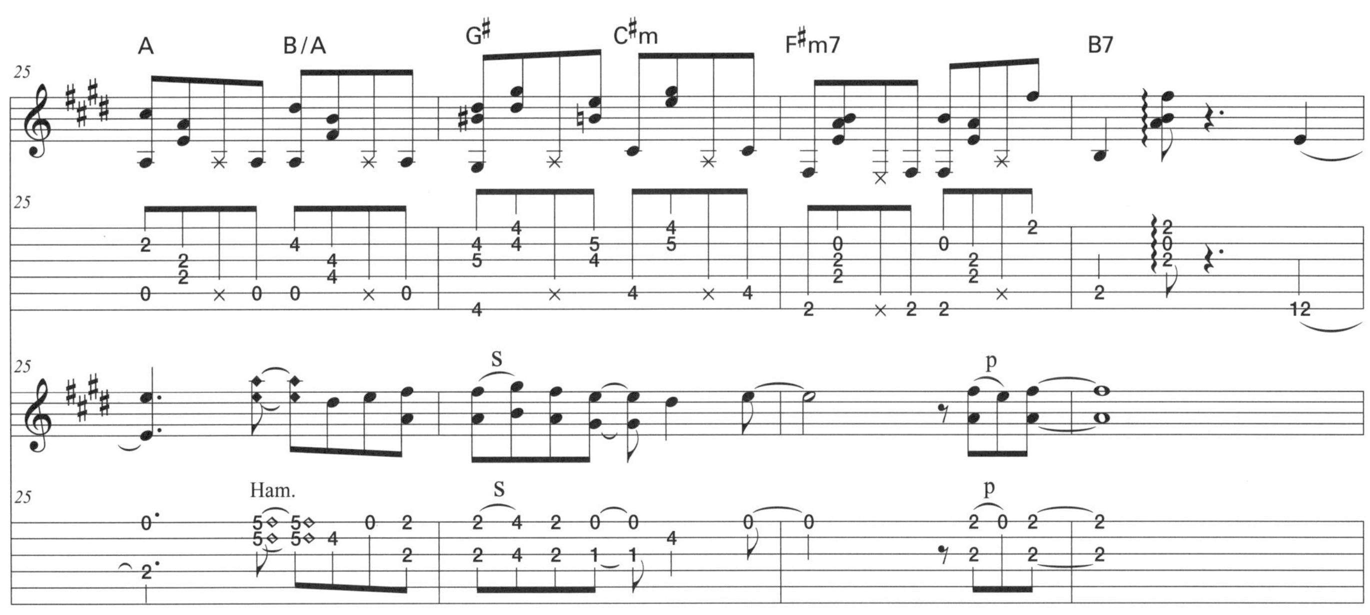

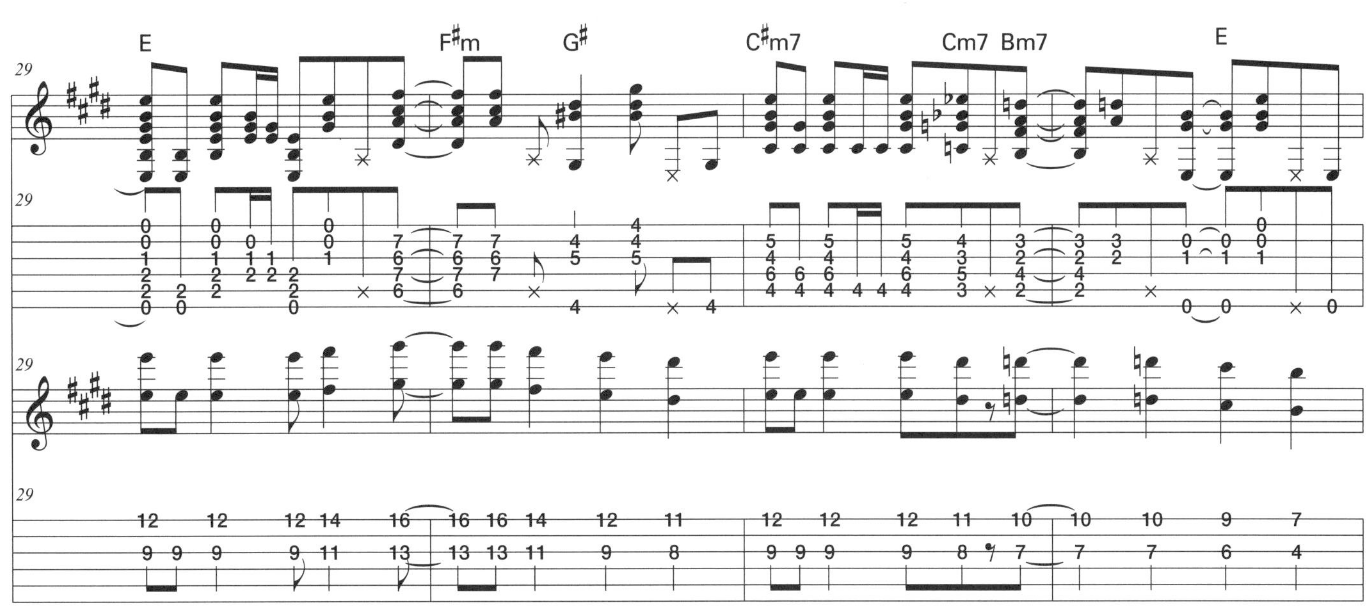

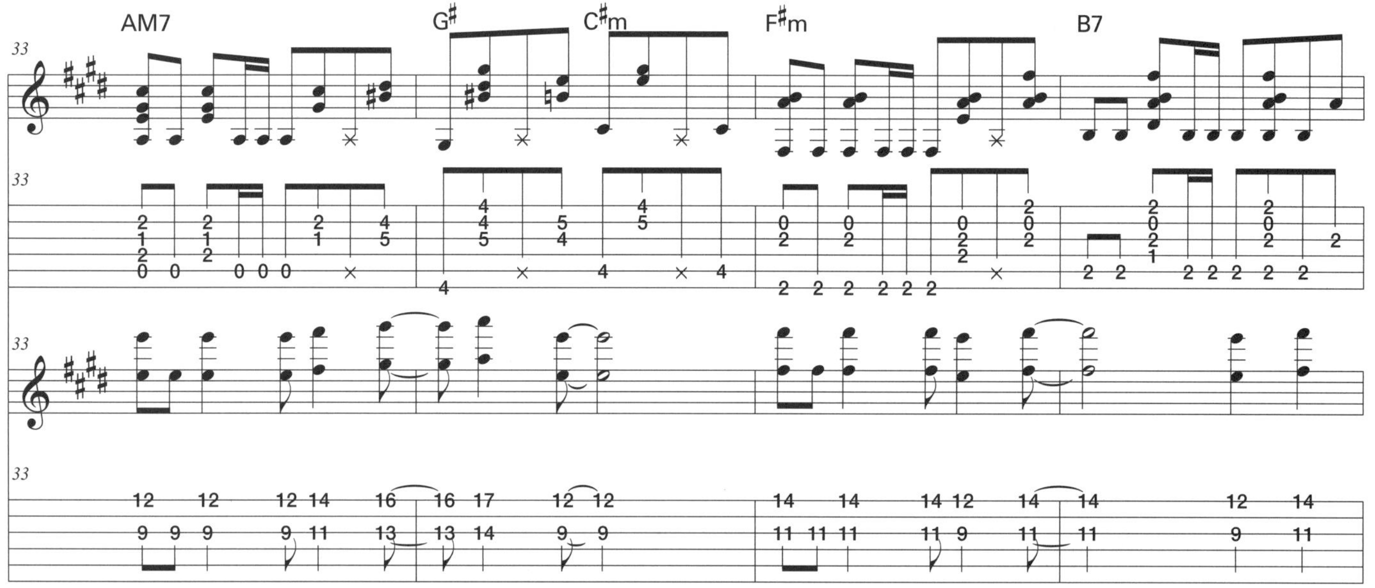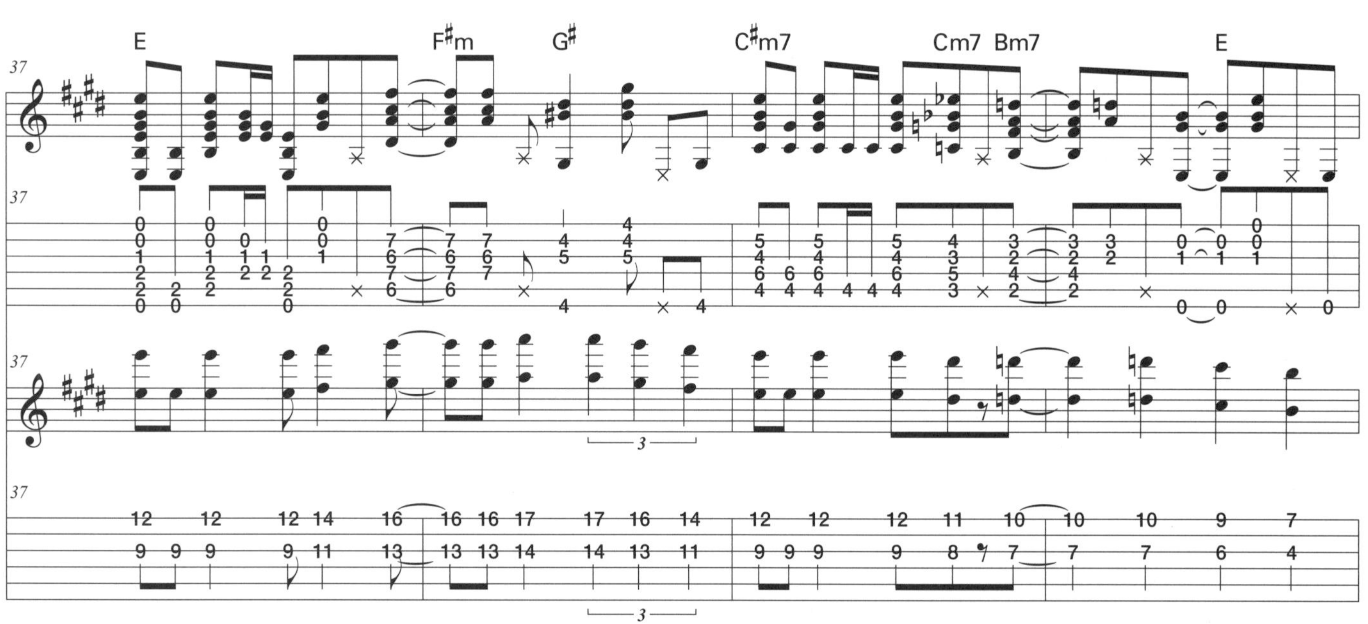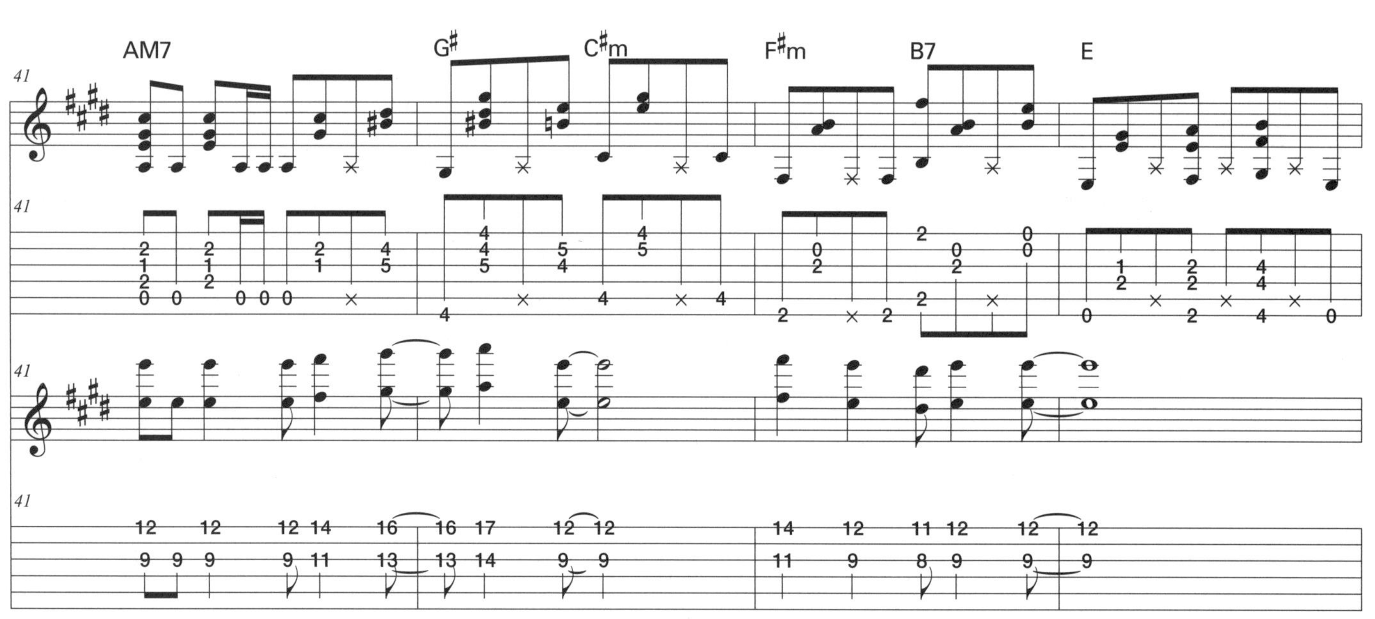

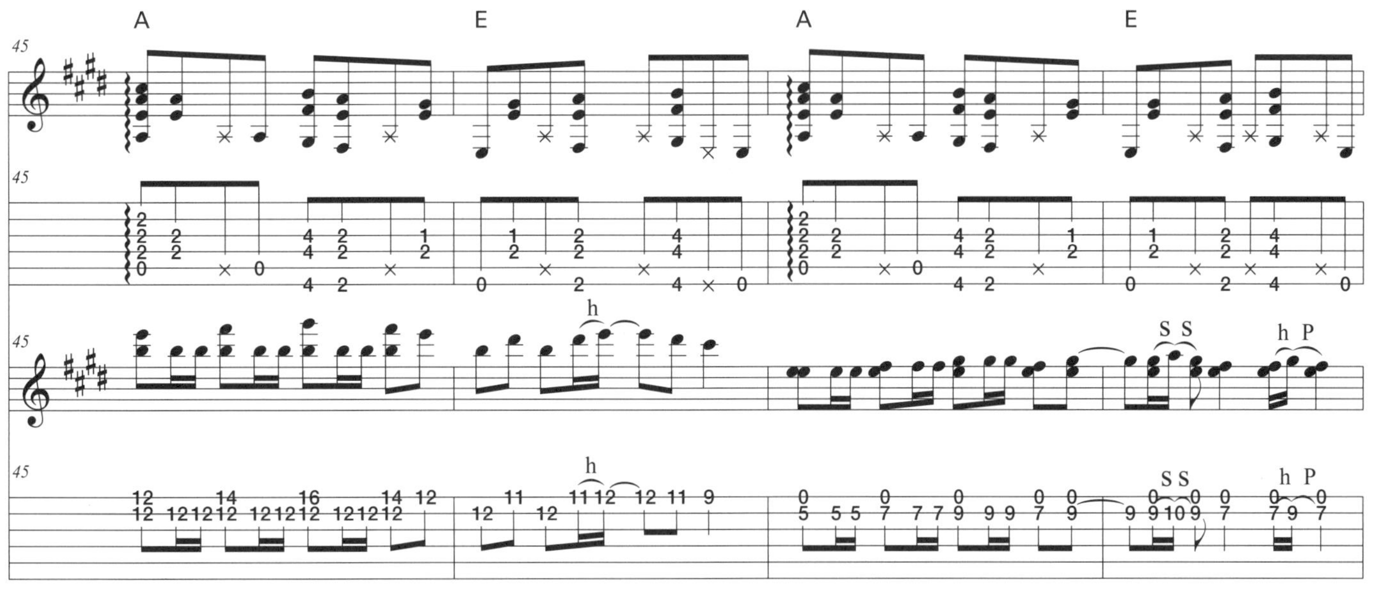

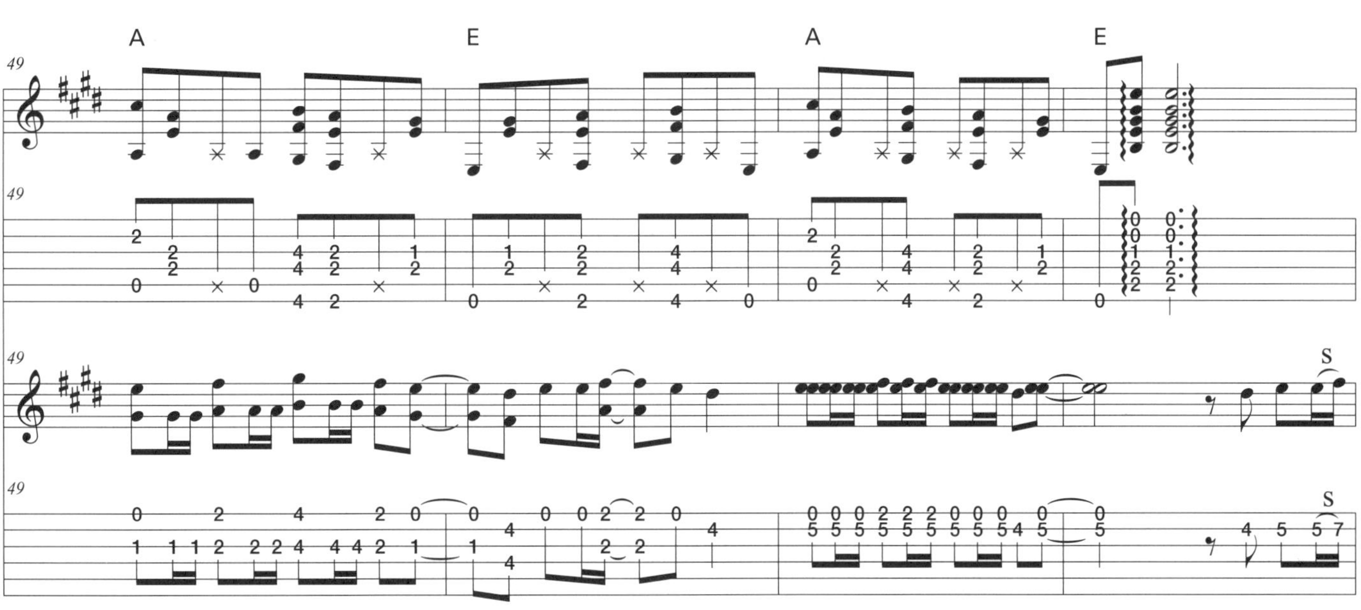

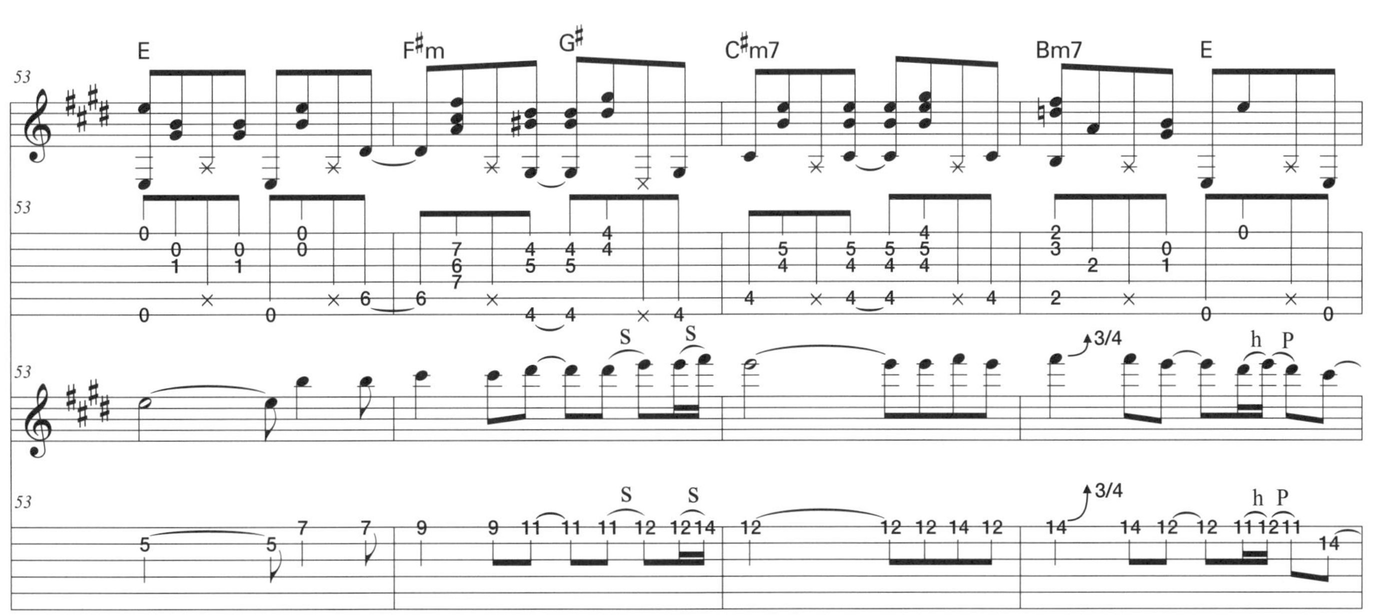

On a Brisk Day

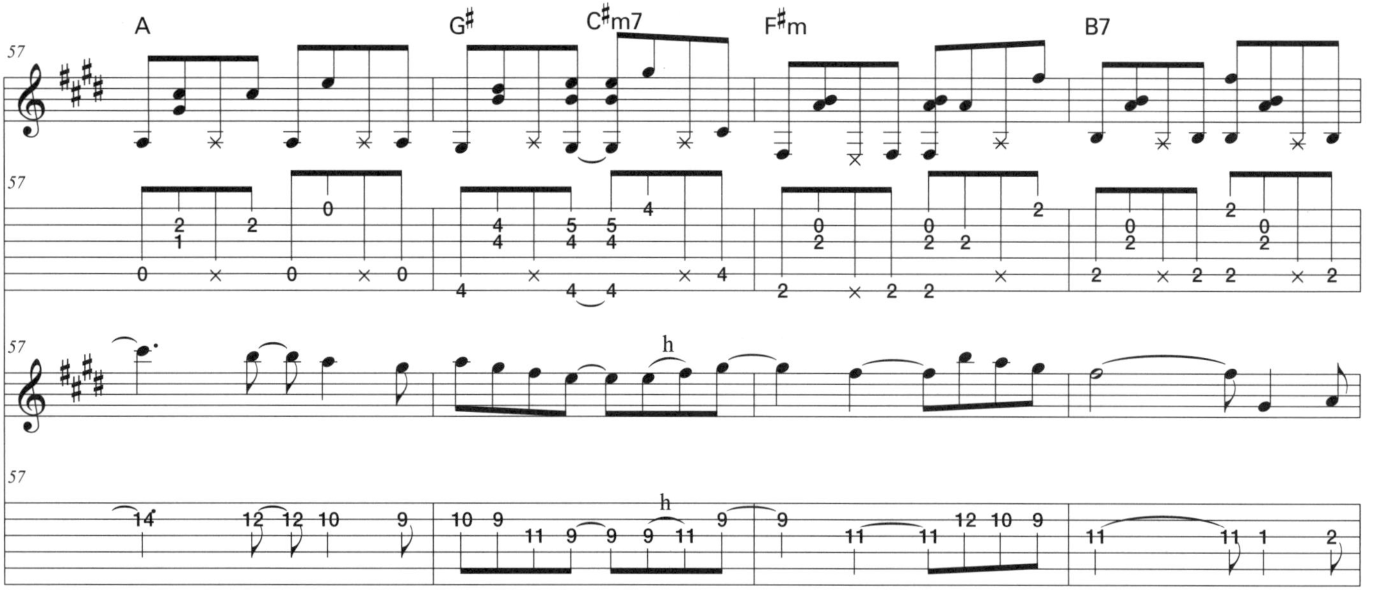

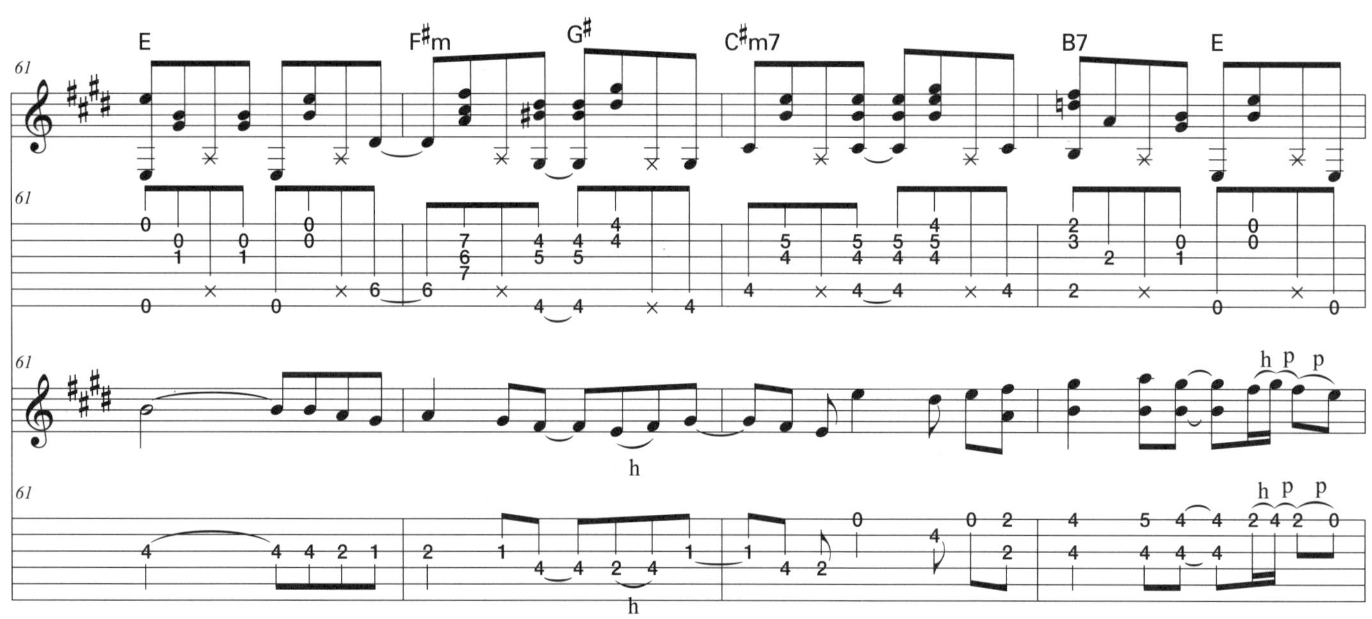

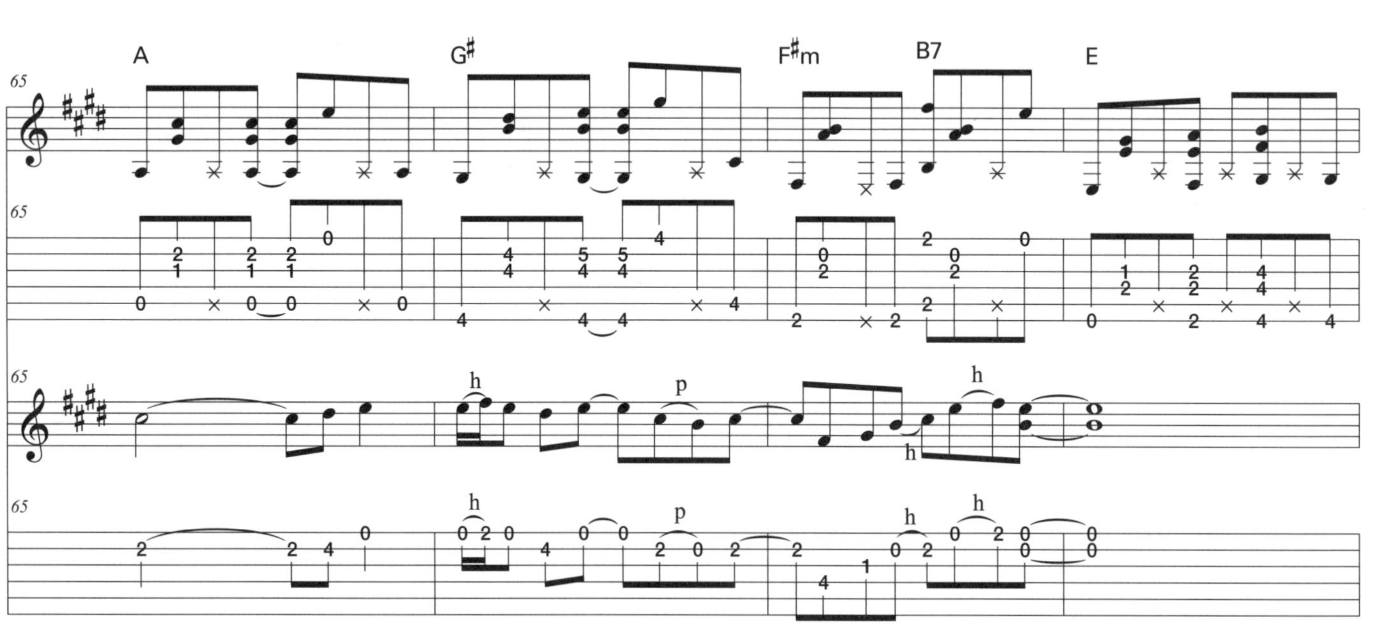

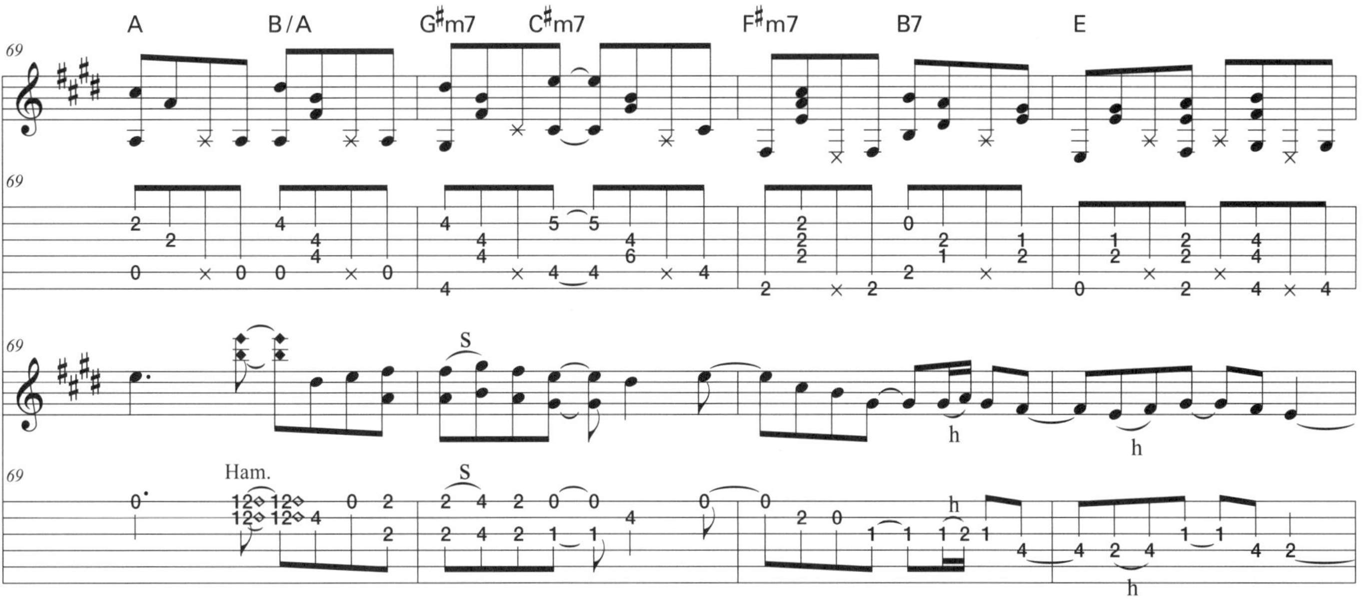
A   B/A   G#m7   C#m7   F#m7   B7   E
69
Ham.
S
S
h
h
h

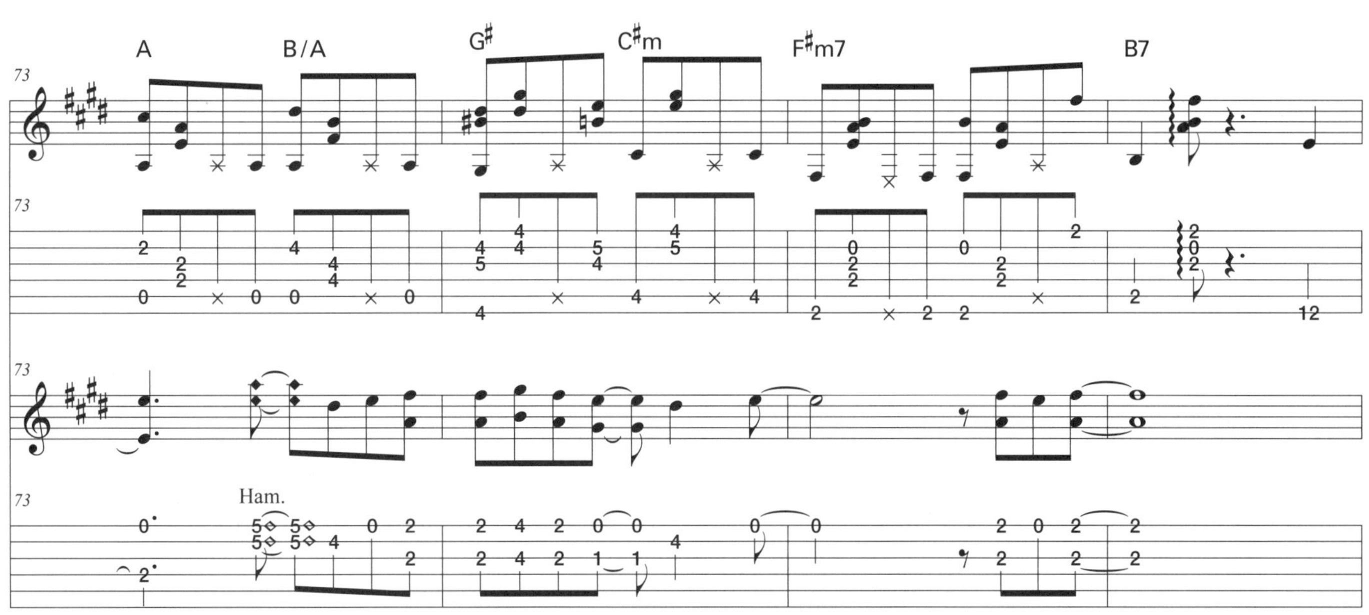
A   B/A   G#   C#m   F#m7   B7
73
Ham.

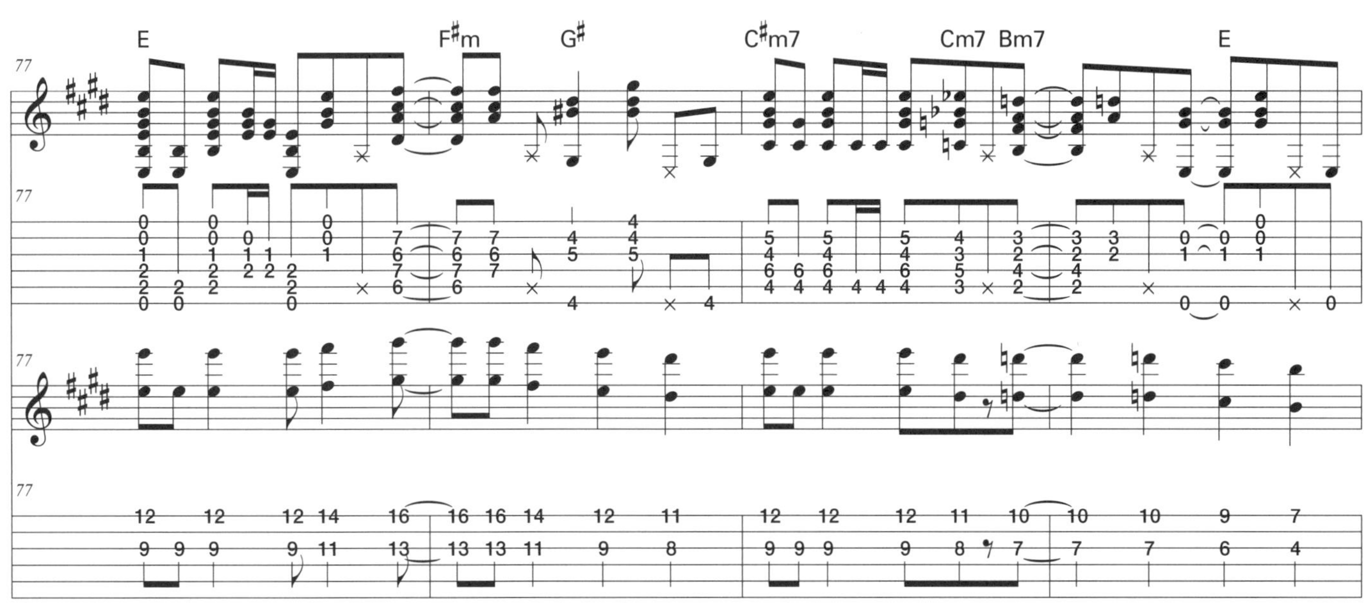
E   F#m   G#   C#m7   Cm7 Bm7   E
77

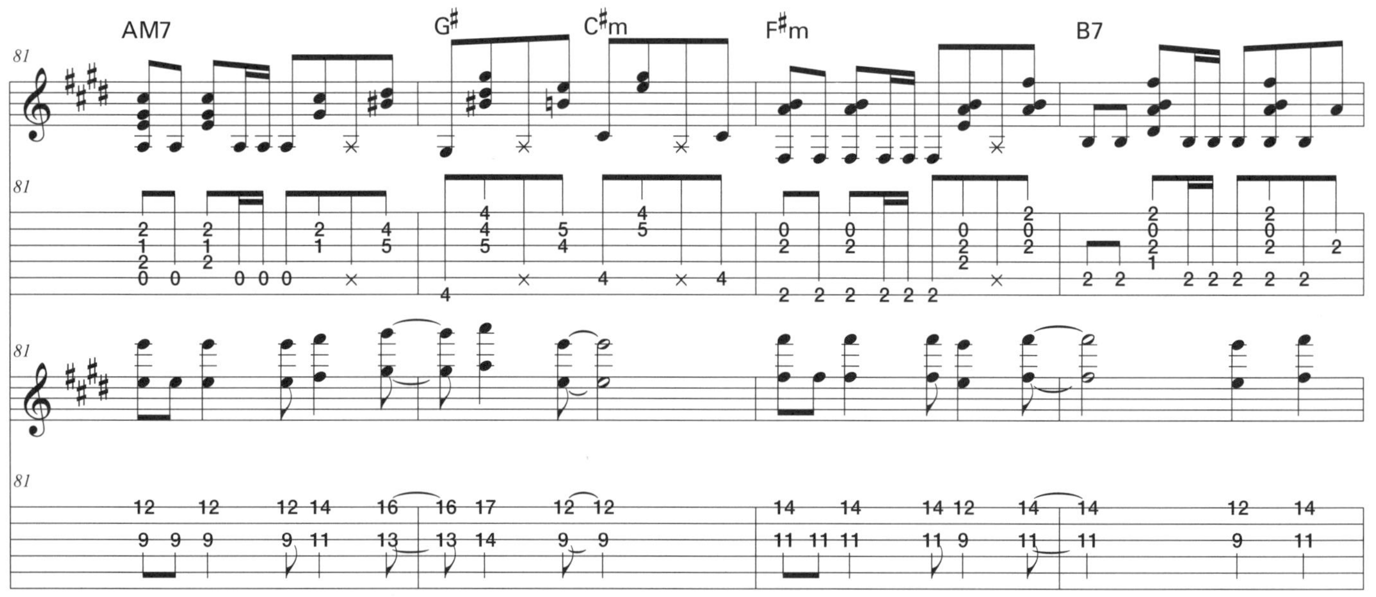
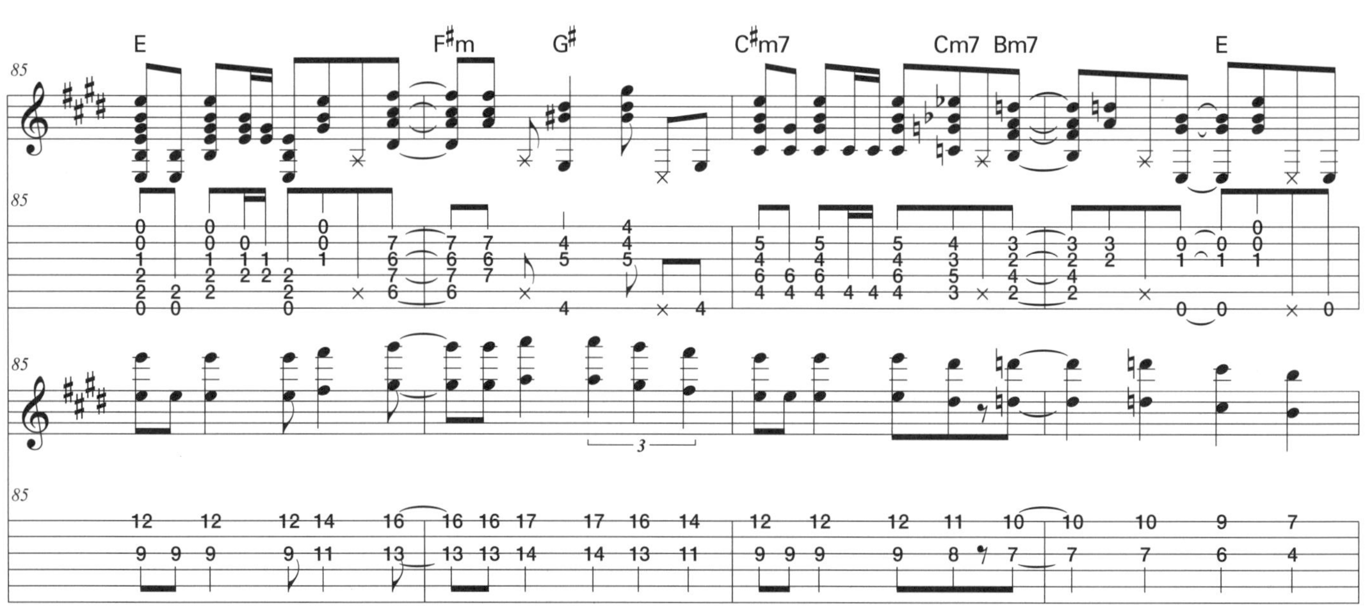
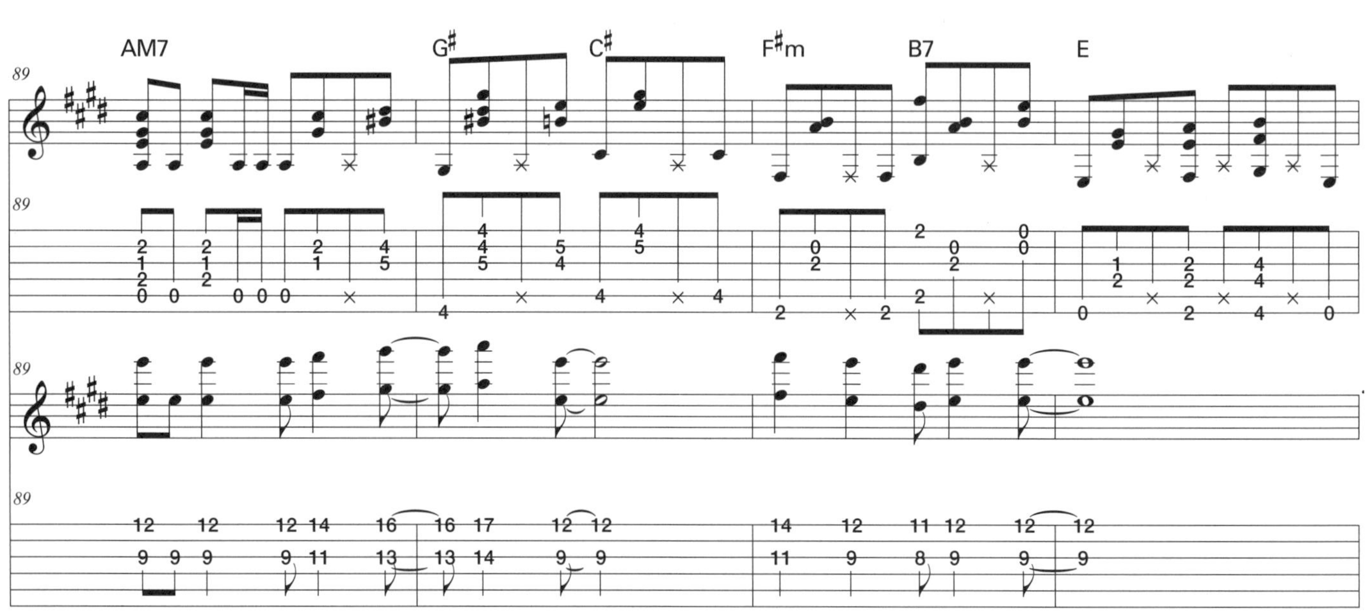

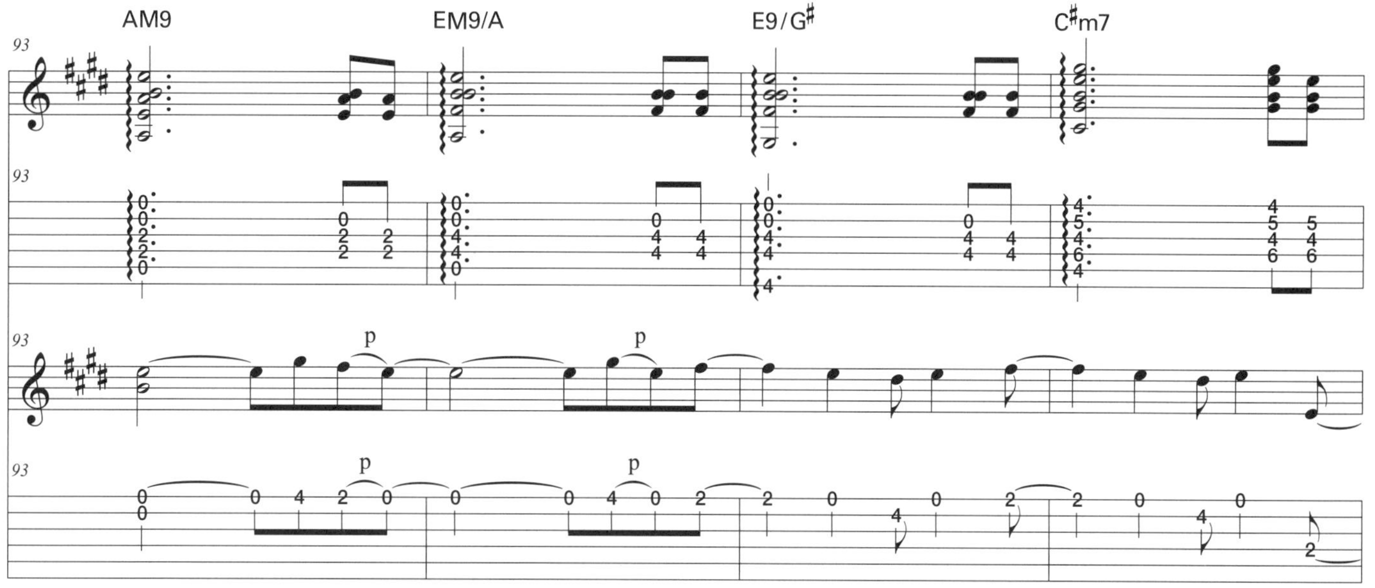
93
AM9
EM9/A
E9/G#
C#m7
p
p
p
p

97
F#m
EM9/G#
B7

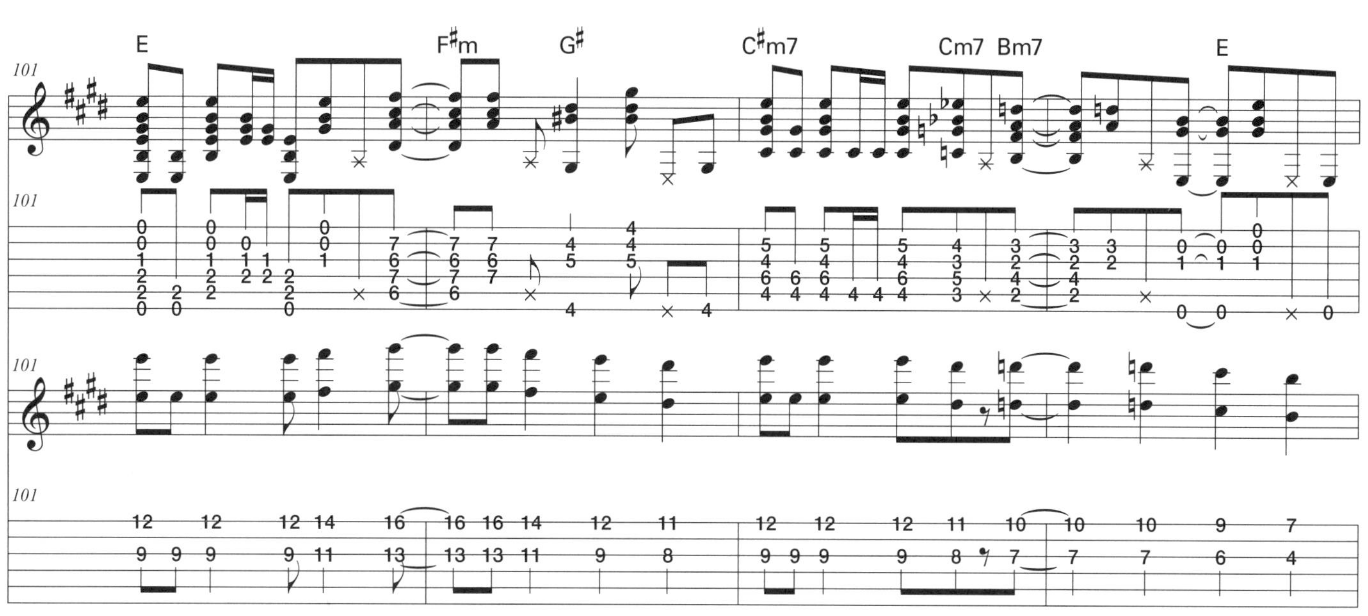
101
E
F#m
G#
C#m7
Cm7 Bm7
E

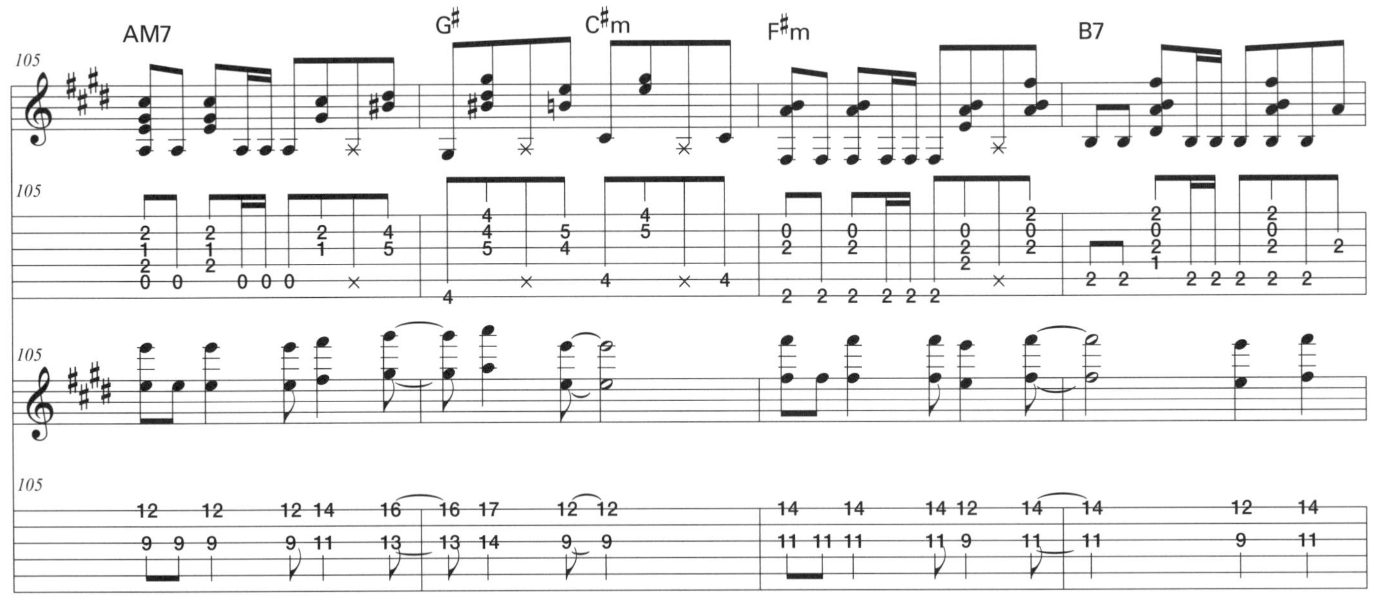

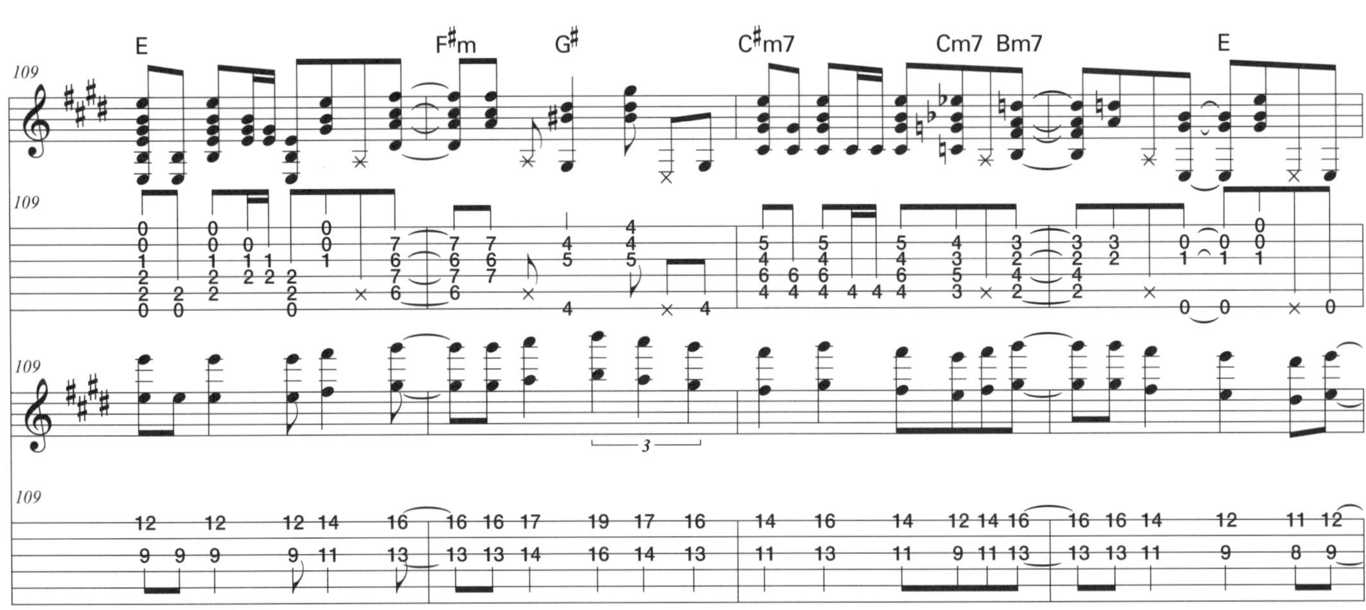

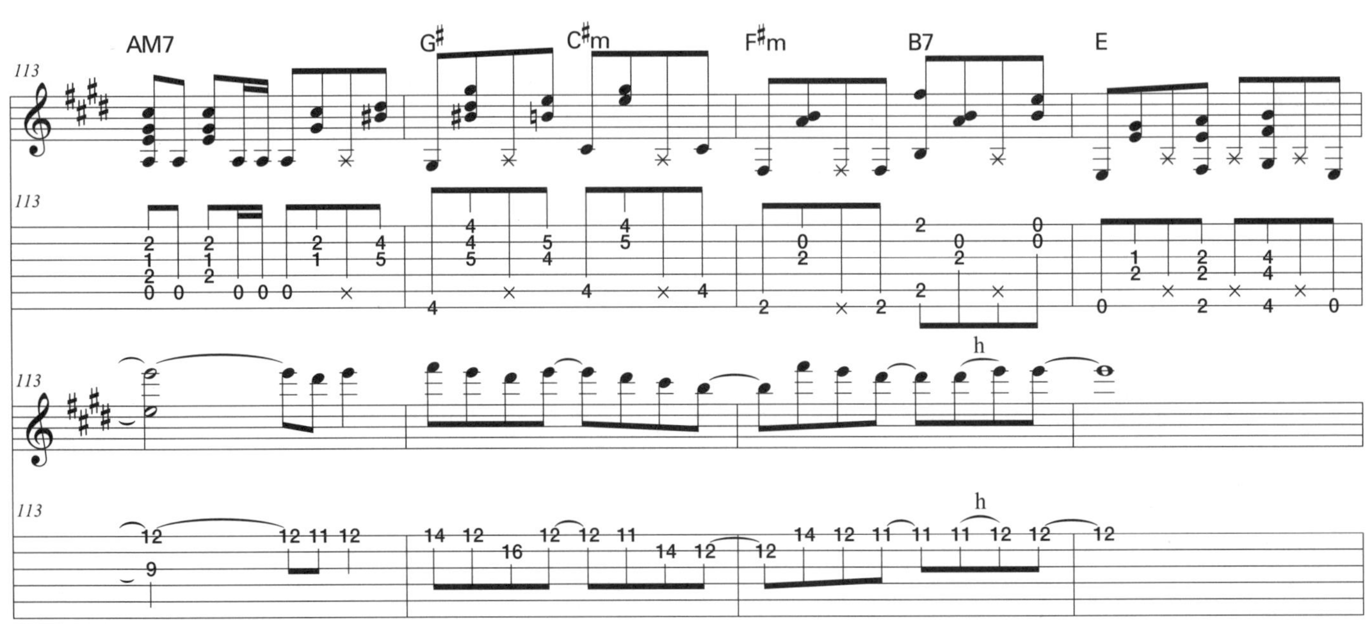

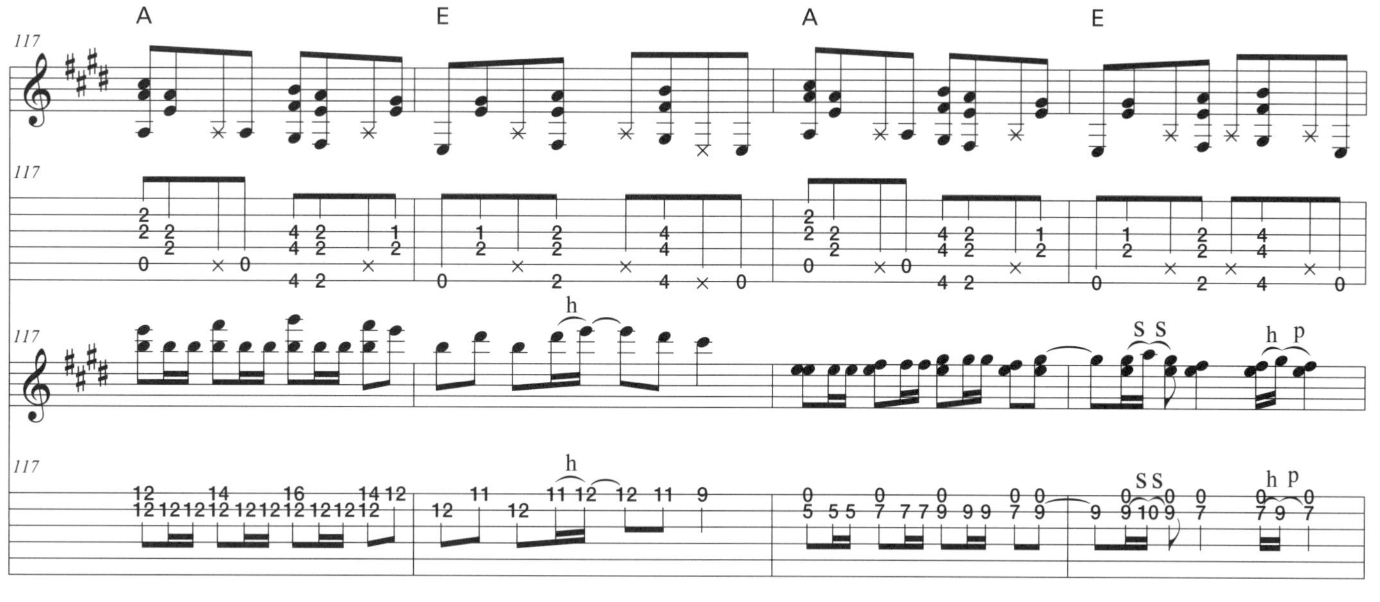

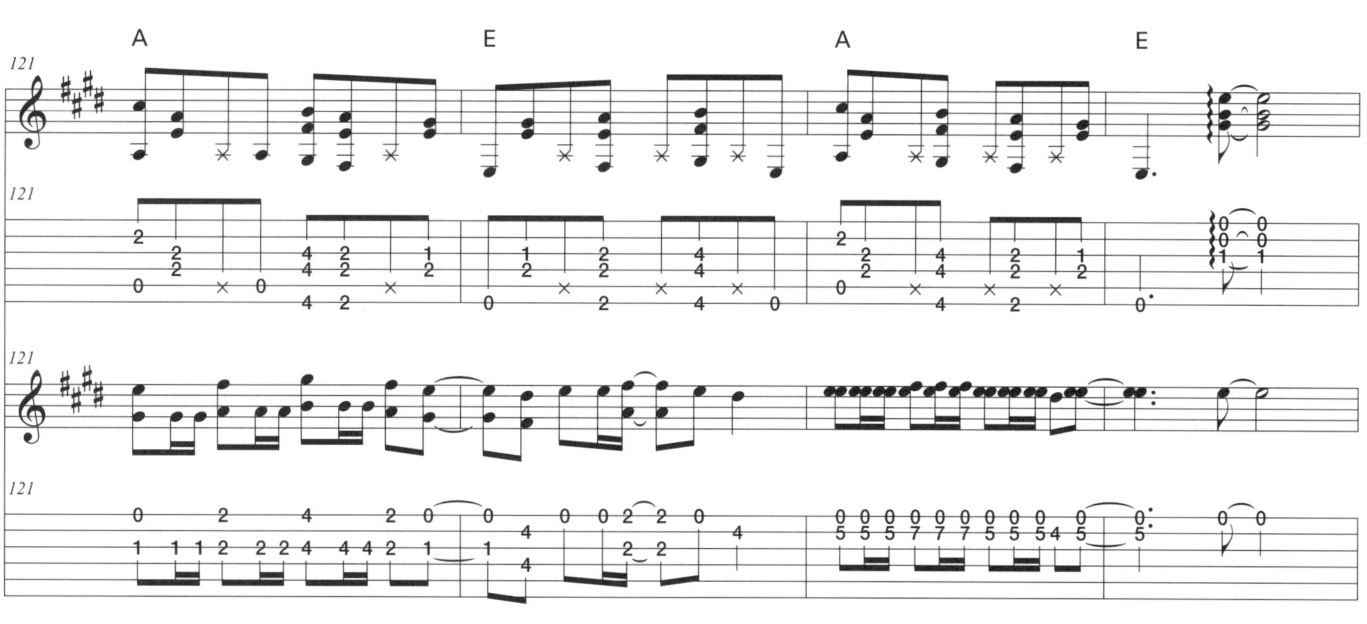

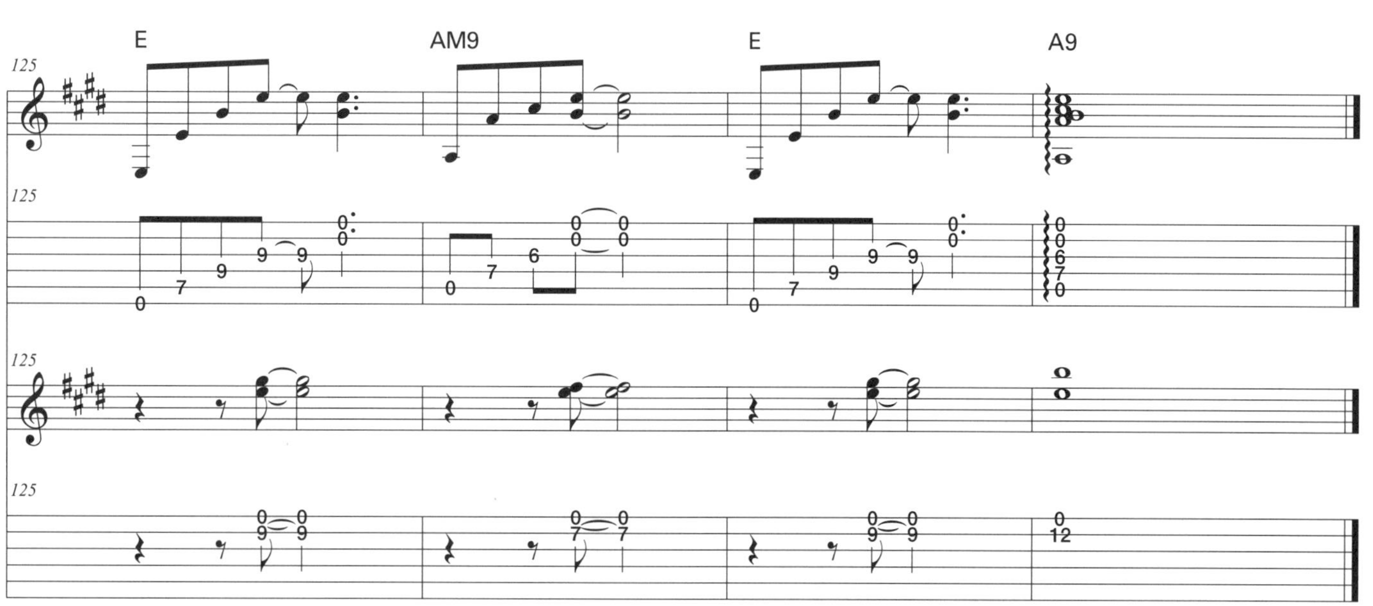

I Remember You

작곡 정성하
© Sungha Jung Music

Paint it Acoustic

I Remember You

Em
C/D
G
G/F
Bm
C/D
G
G/F
Bm
C/D
G
G/F
Em
Am
G
T.H
12

G
G/F
Bm
G/D
G/F
Em
Am
Em
Am
rall.
G
= 54

Nostalgia

작곡 정성하
© Sungha Jung Music

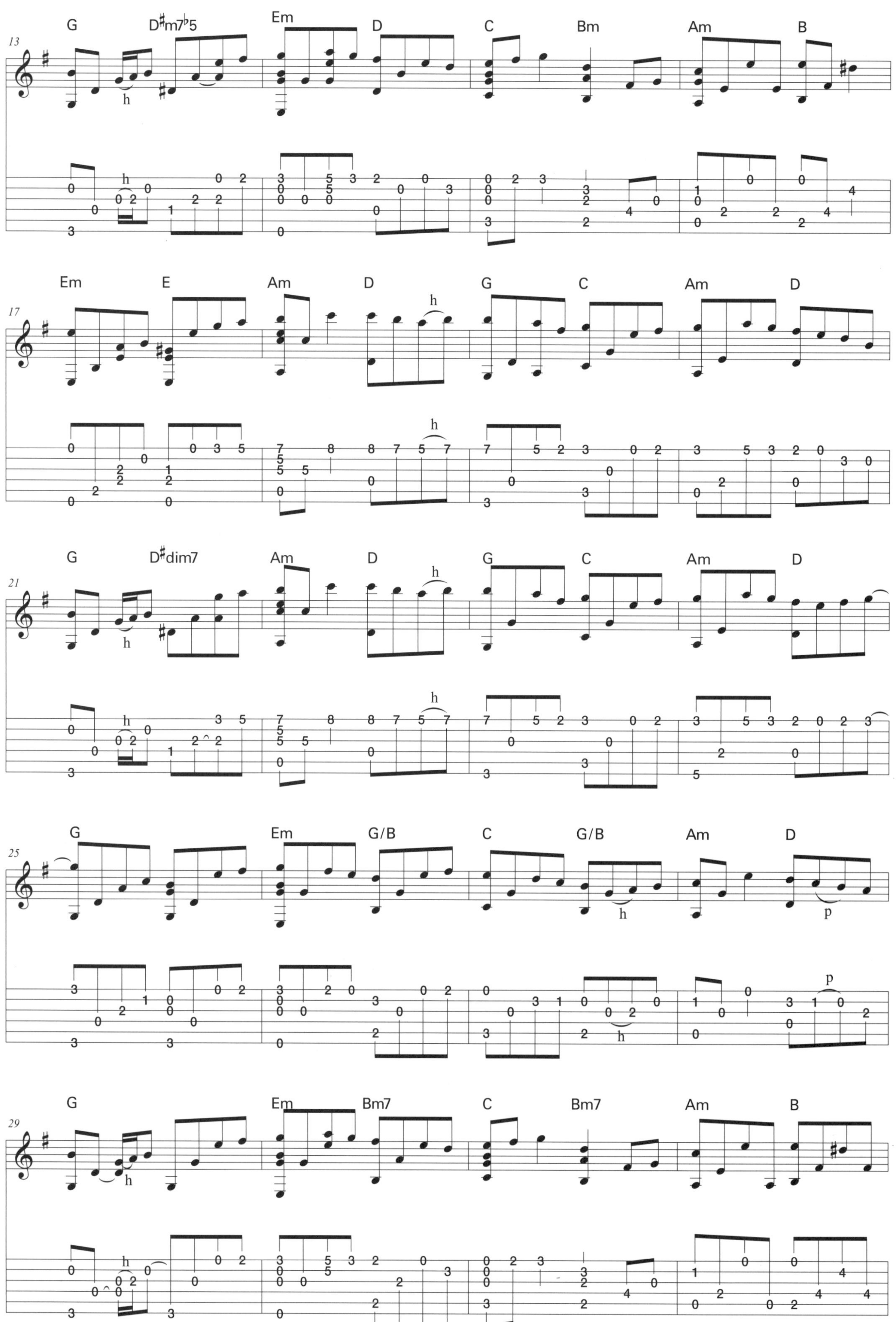

Nostalgia

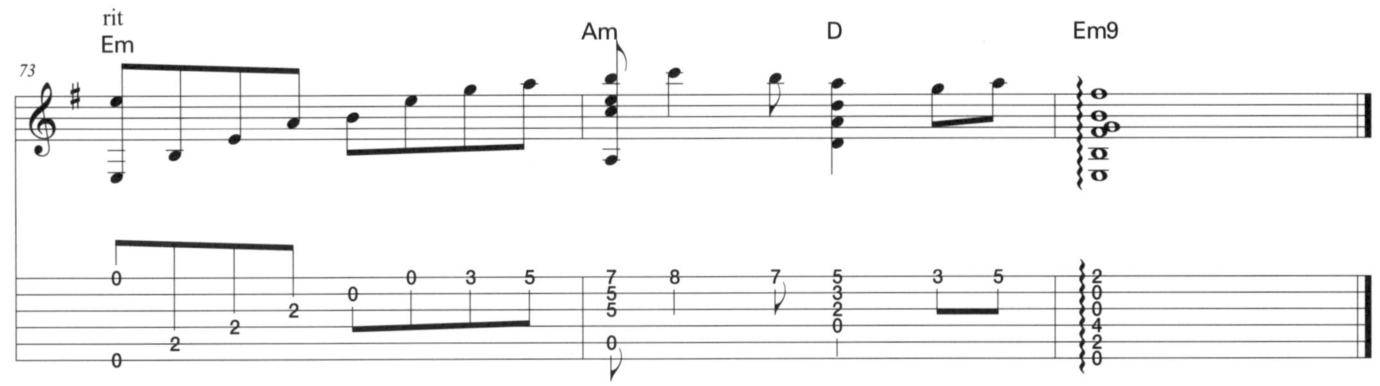

rit
Em
73
Am
D
Em9

With or Without You (U2) ~with Trace Bundy

Music by Clayton, Adam / Evans, Dave /
Hewson, Paul David / Mullen, Lary

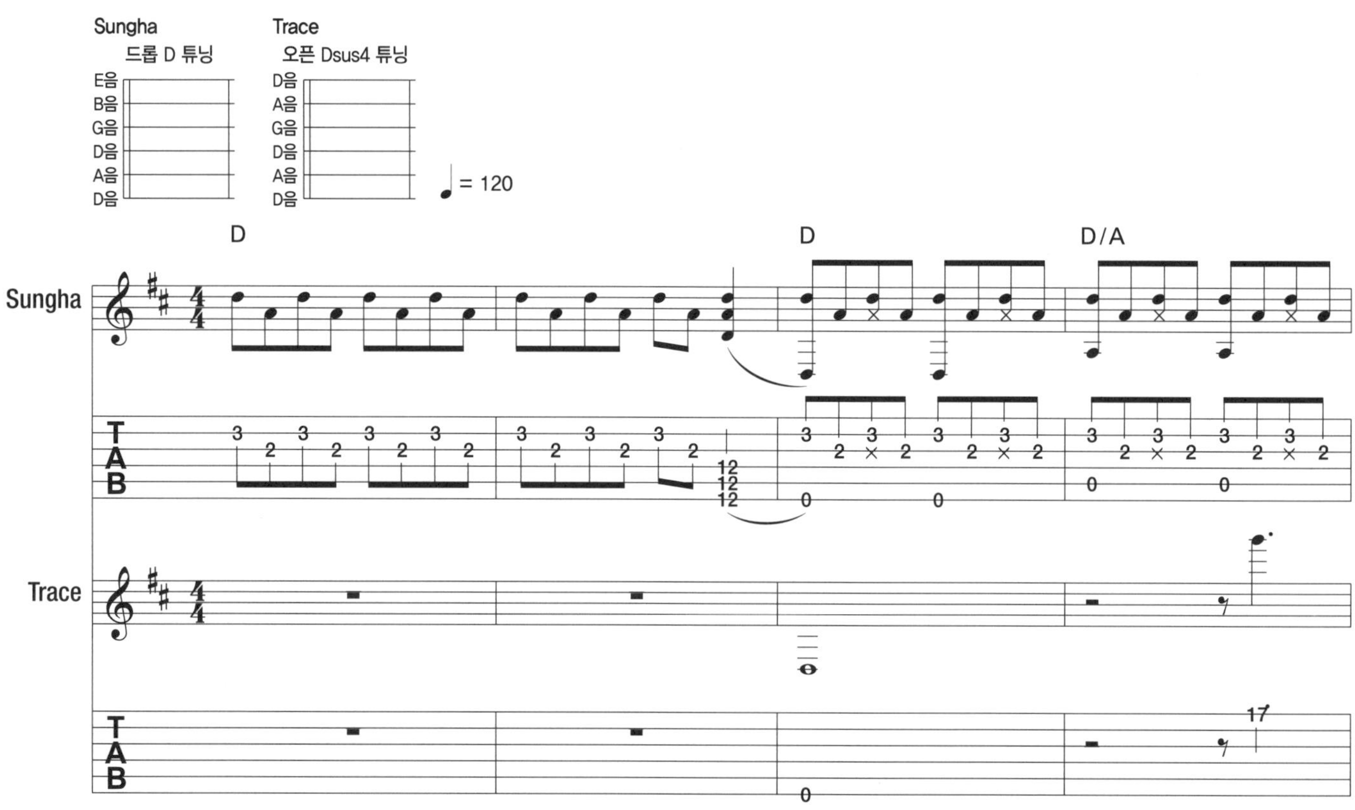

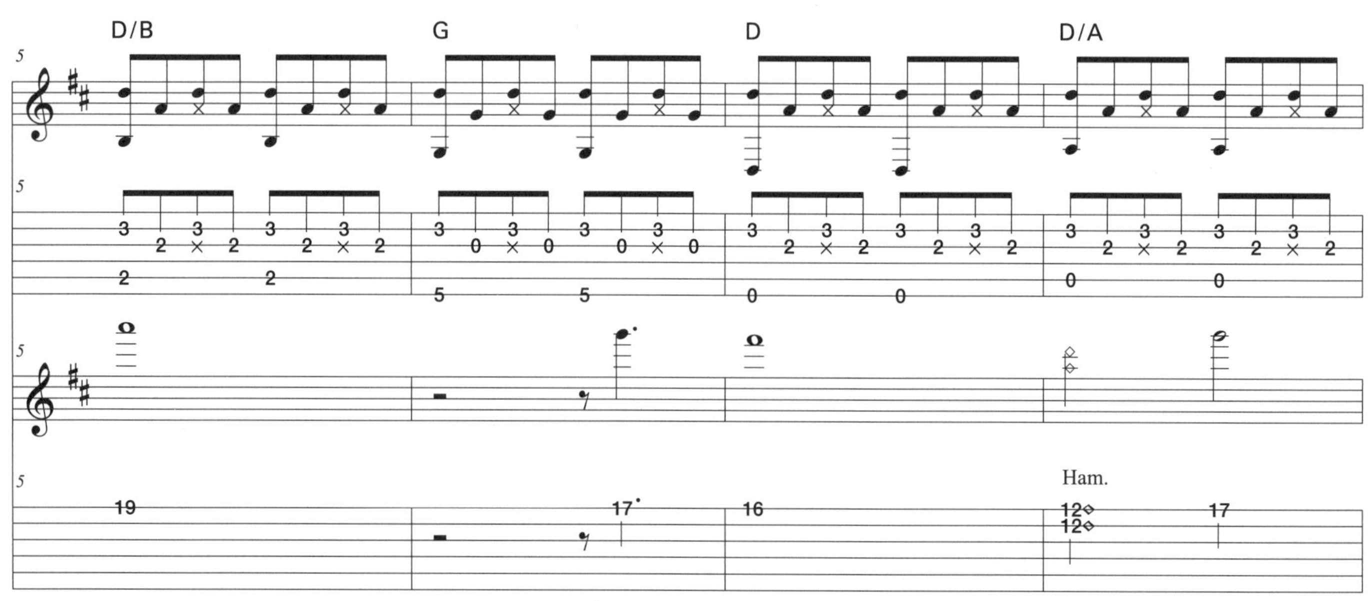

Paint it Acoustic

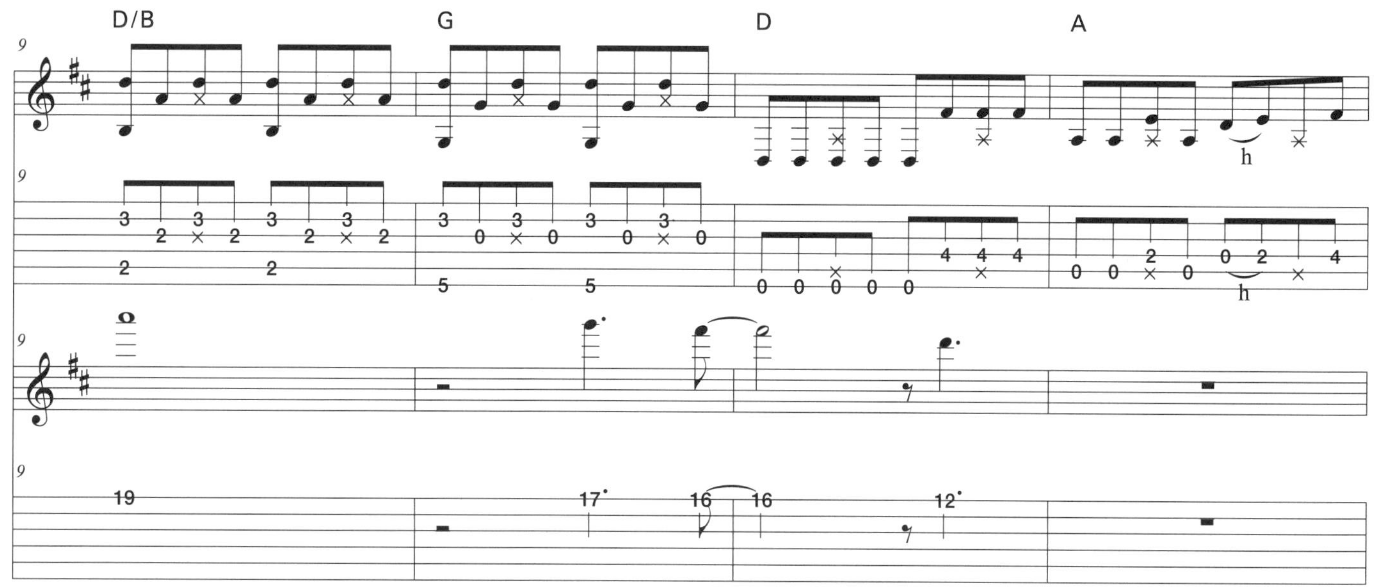

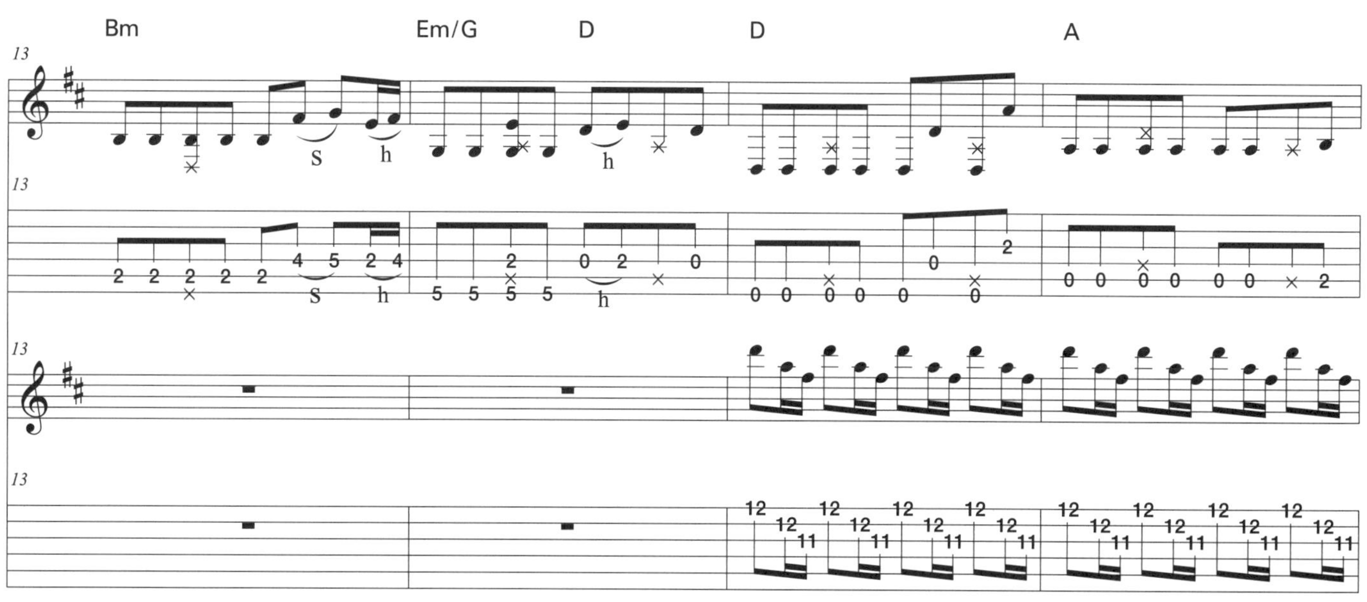

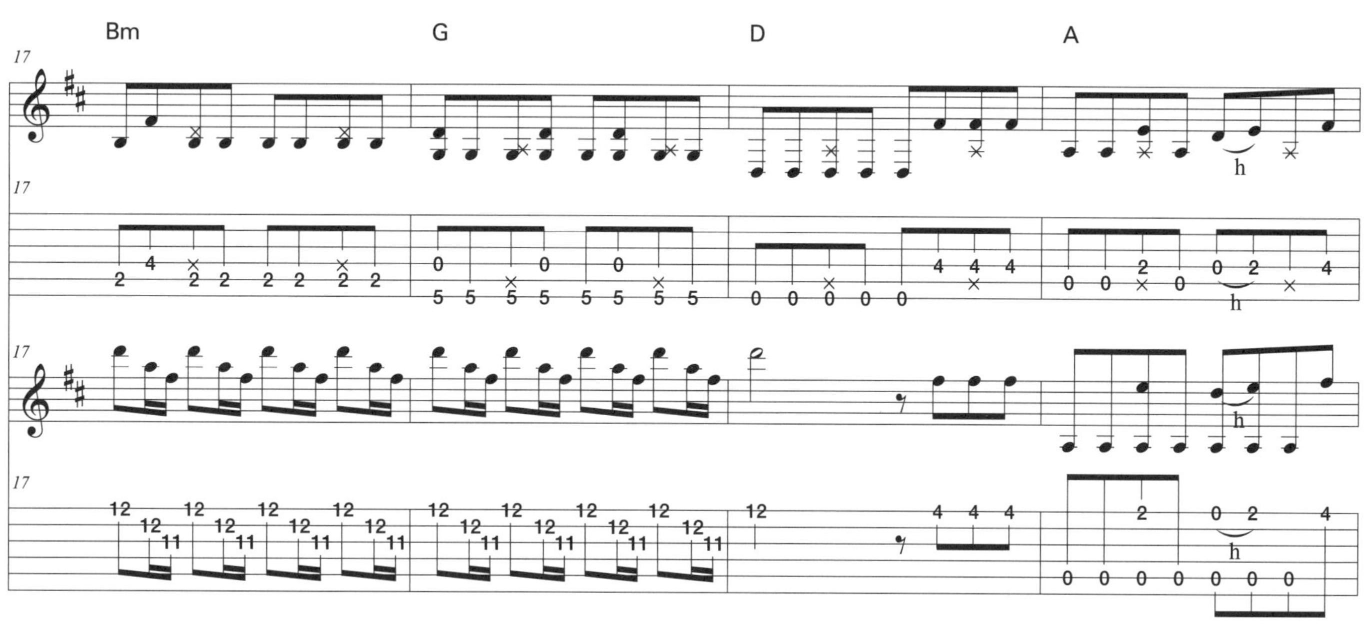

With or Without You

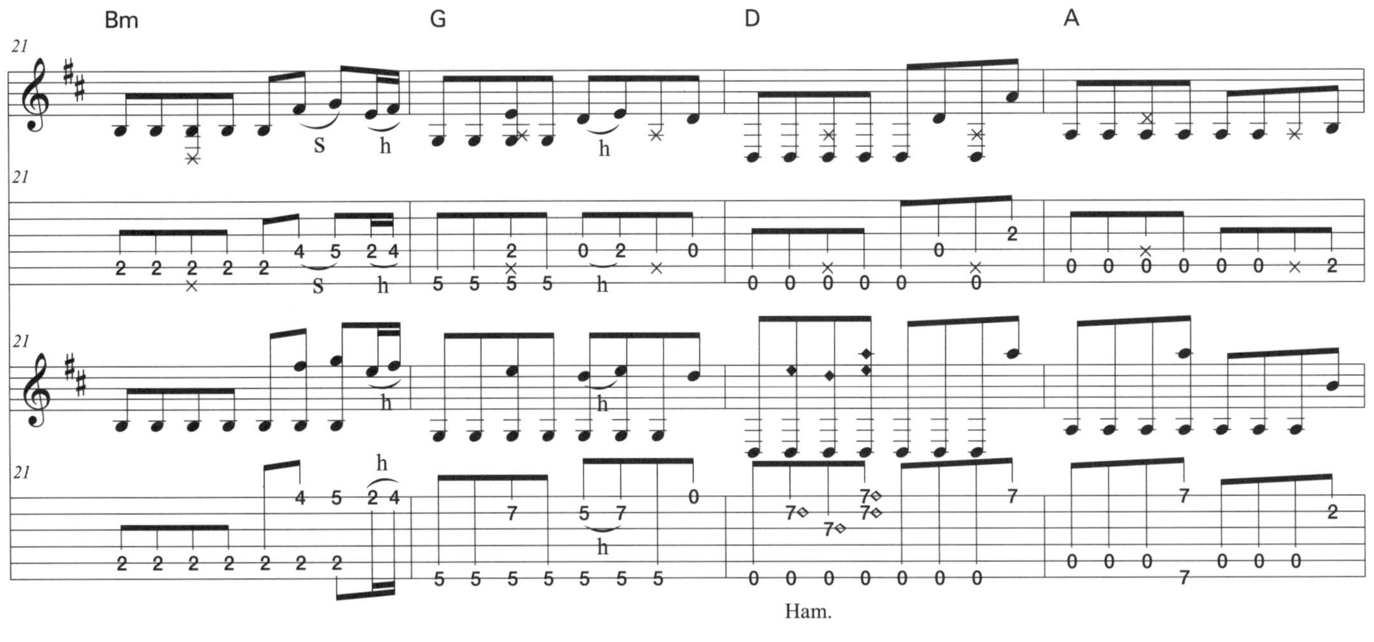

Bm
G
D
A
21
S h
h
S h
h
h
h
Ham.

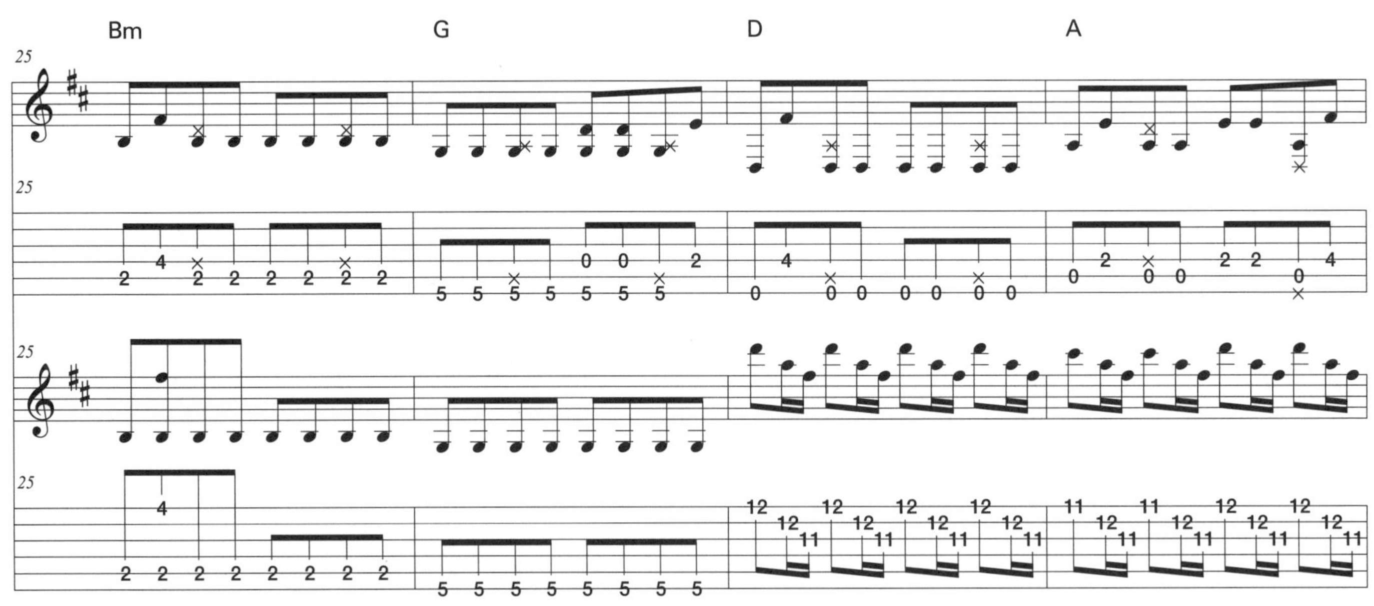

Bm
G
D
A
25

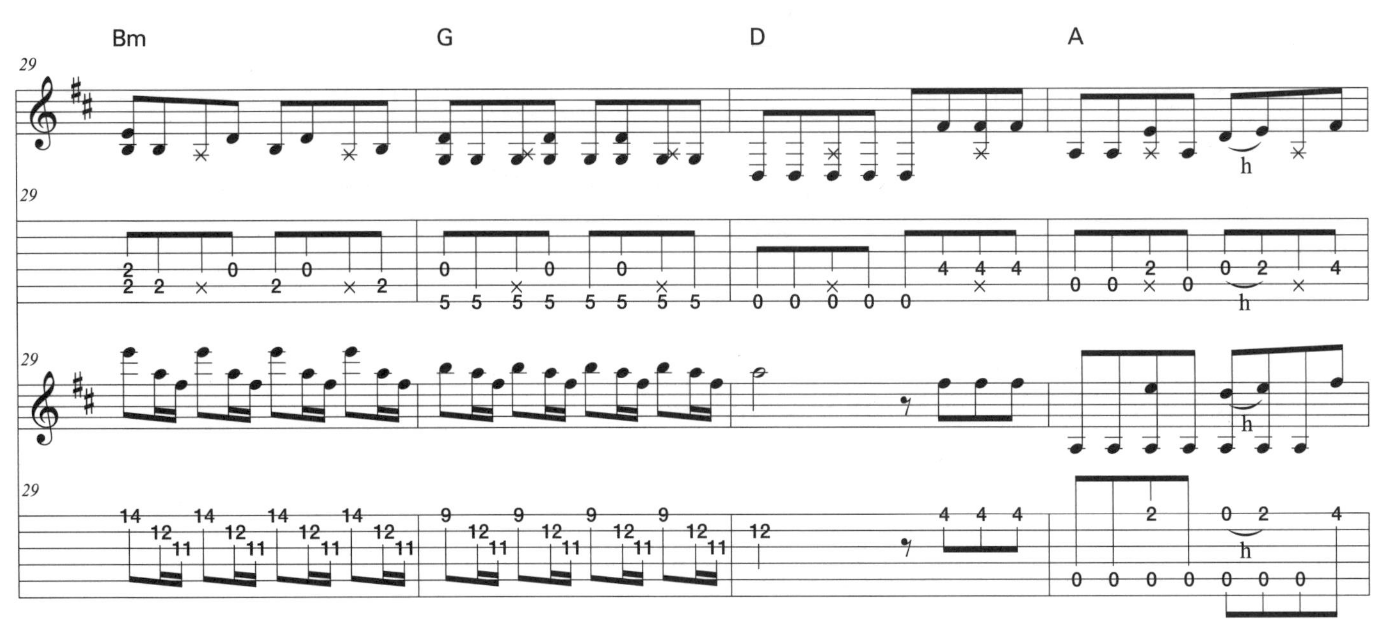

Bm
G
D
A
29
h
h
h

Ham.

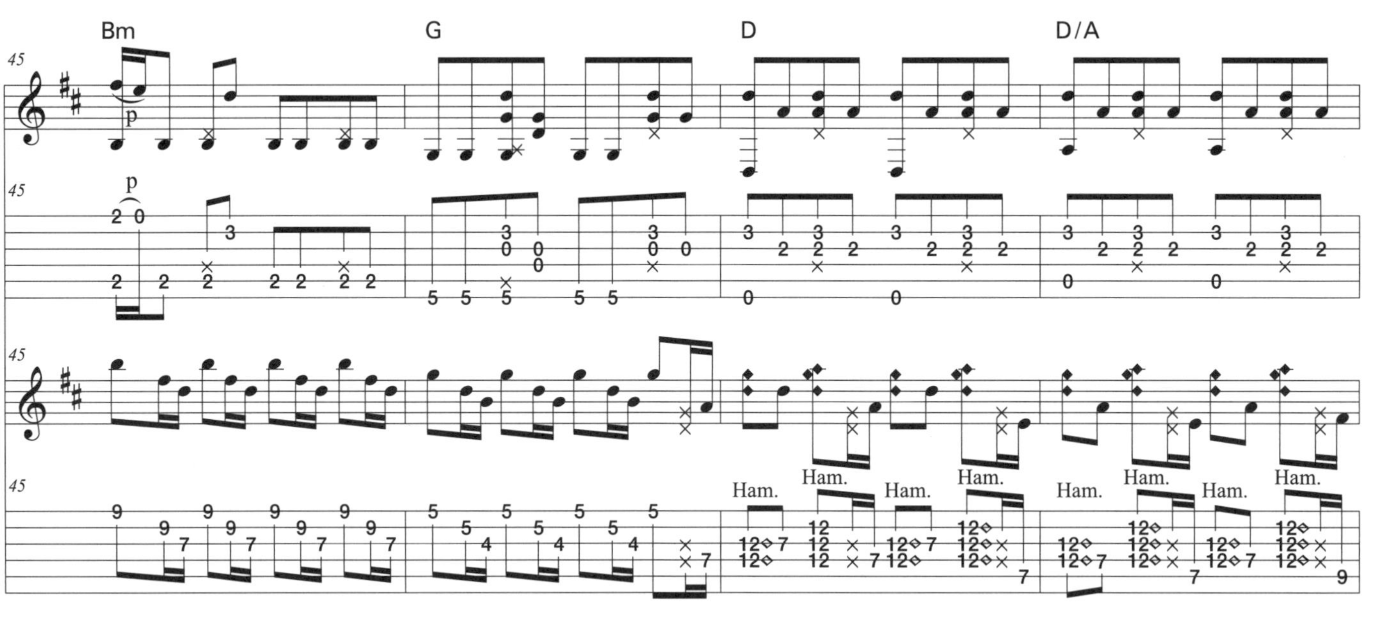

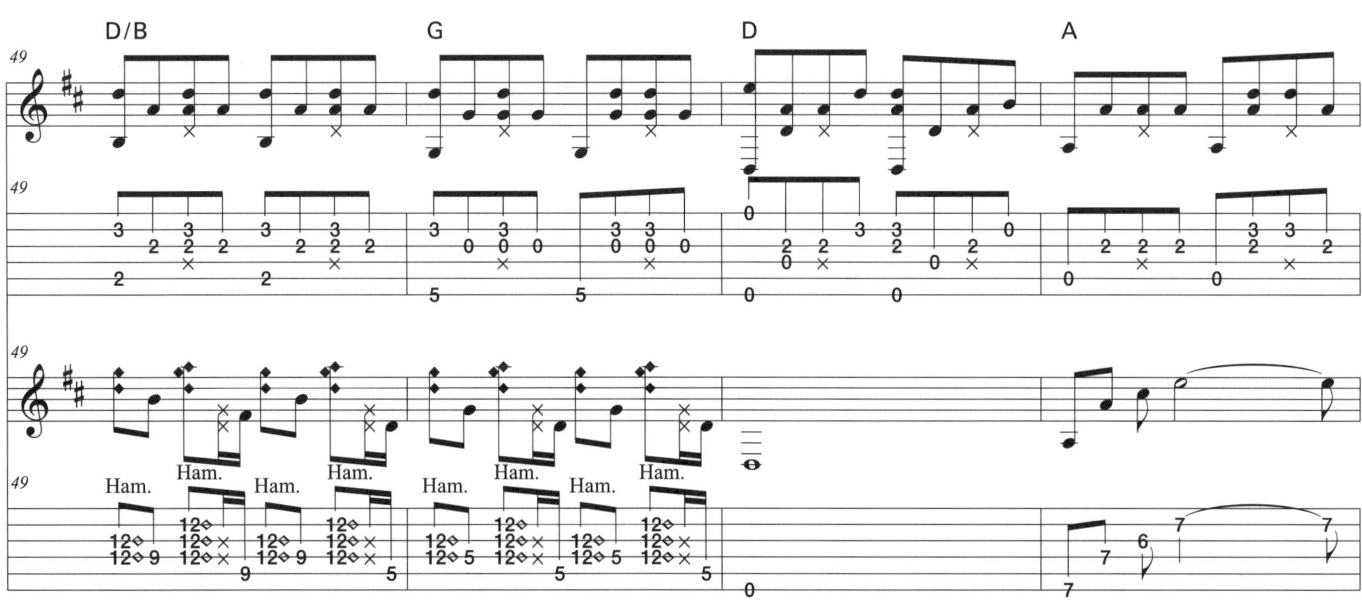

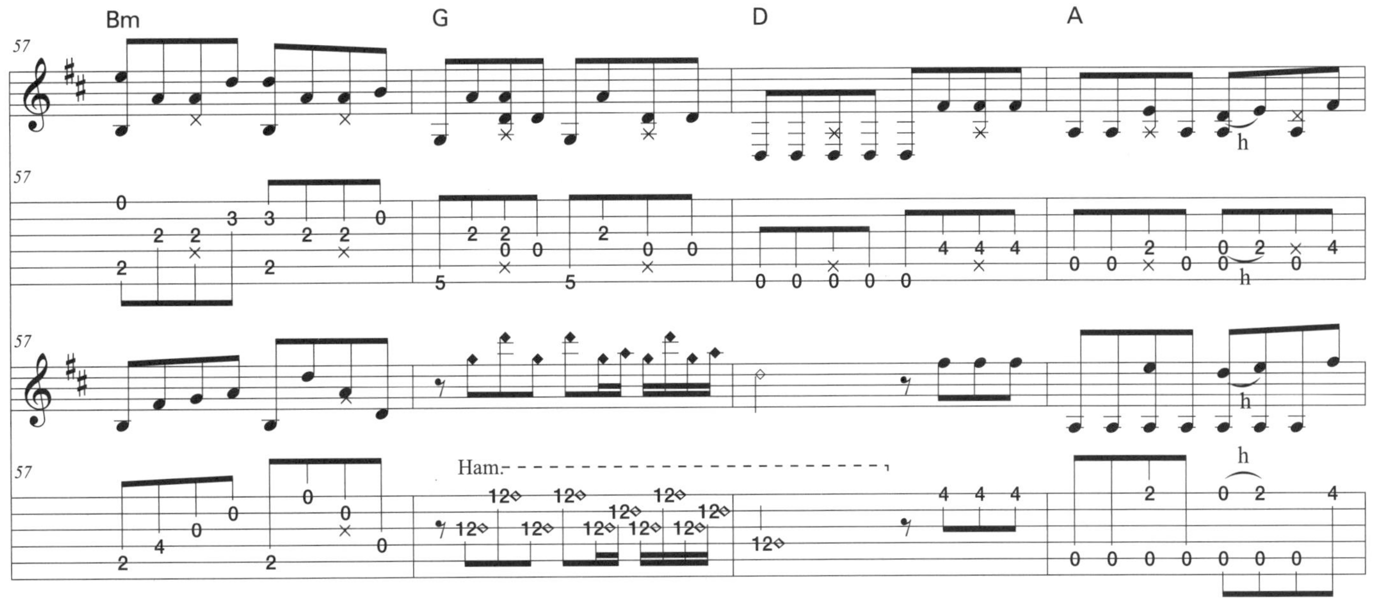
Bm
G
D
A
57
Ham.

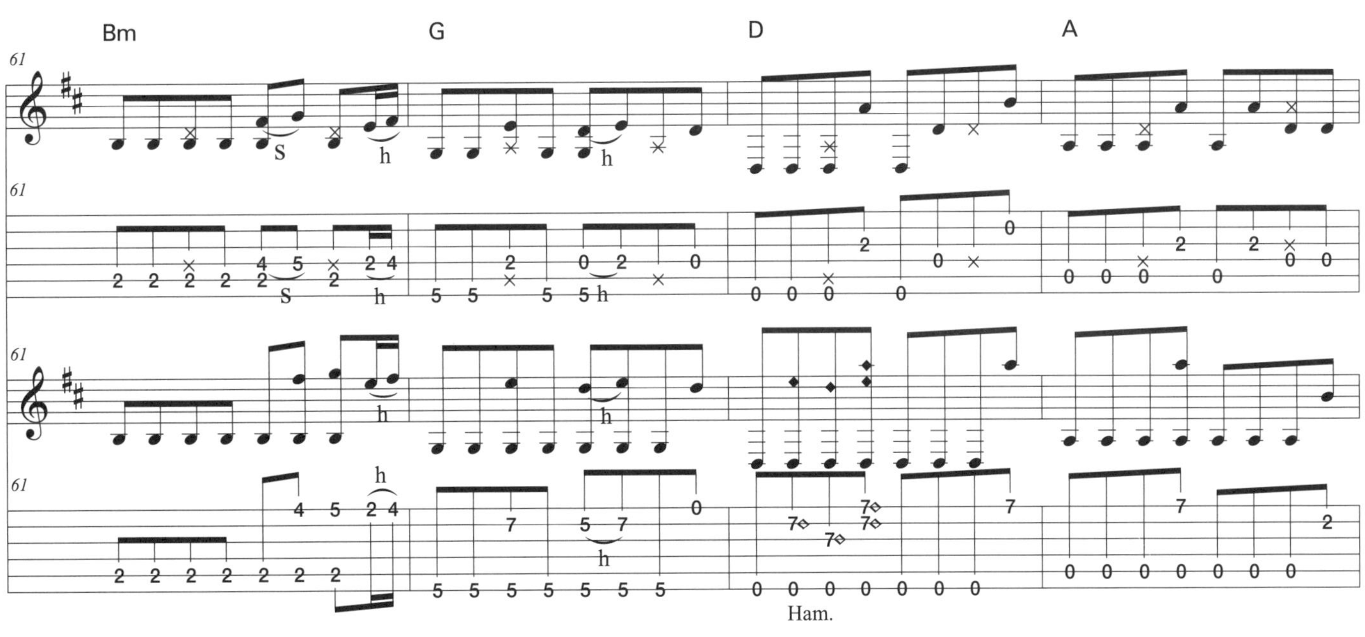
Bm
G
D
A
61
Ham.

Bm7
G
D
A
65

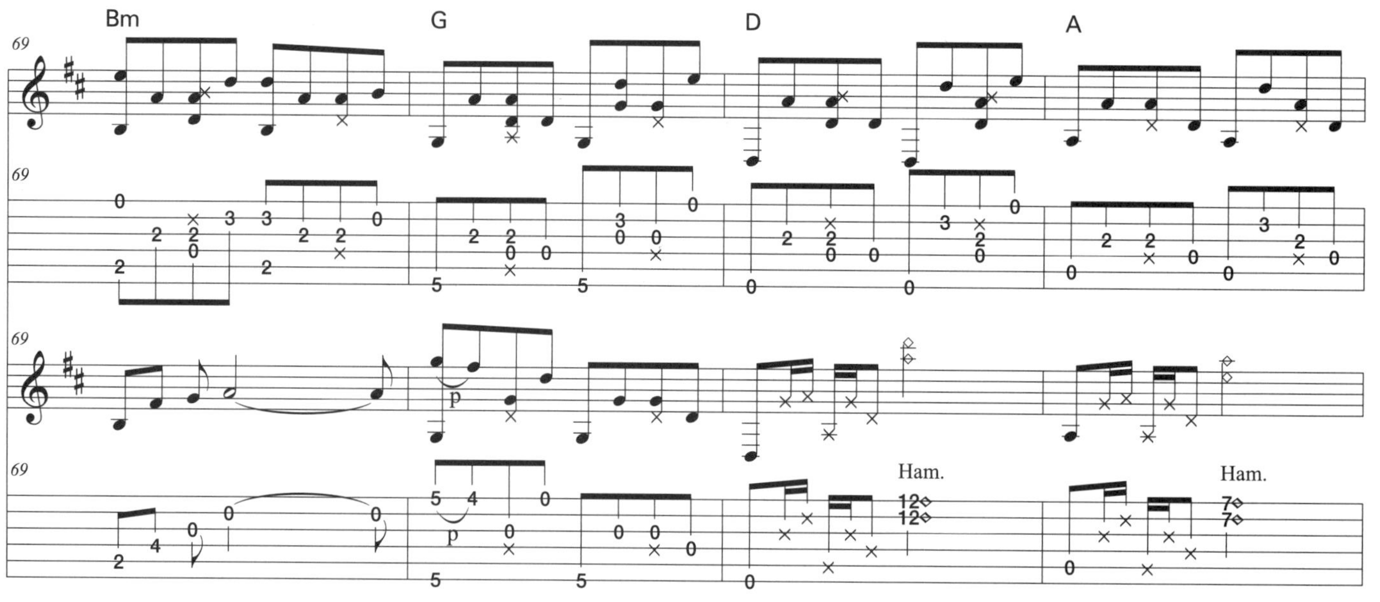
69
Bm   G   D   A

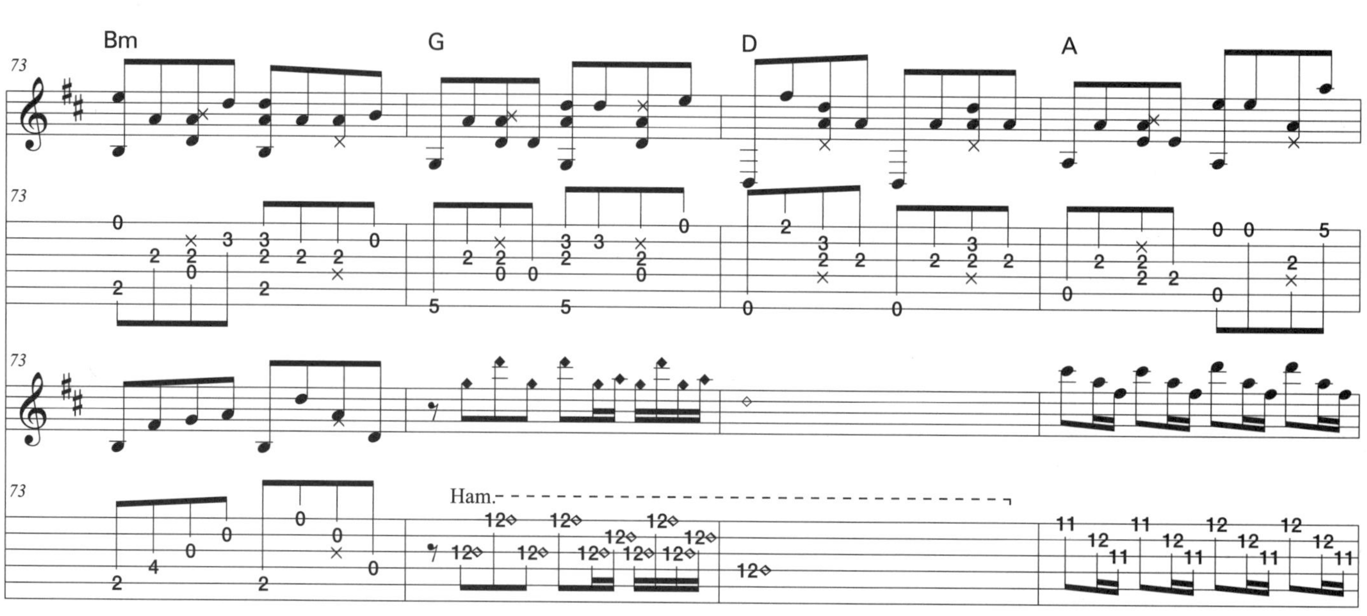
73
Bm   G   D   A
Ham.

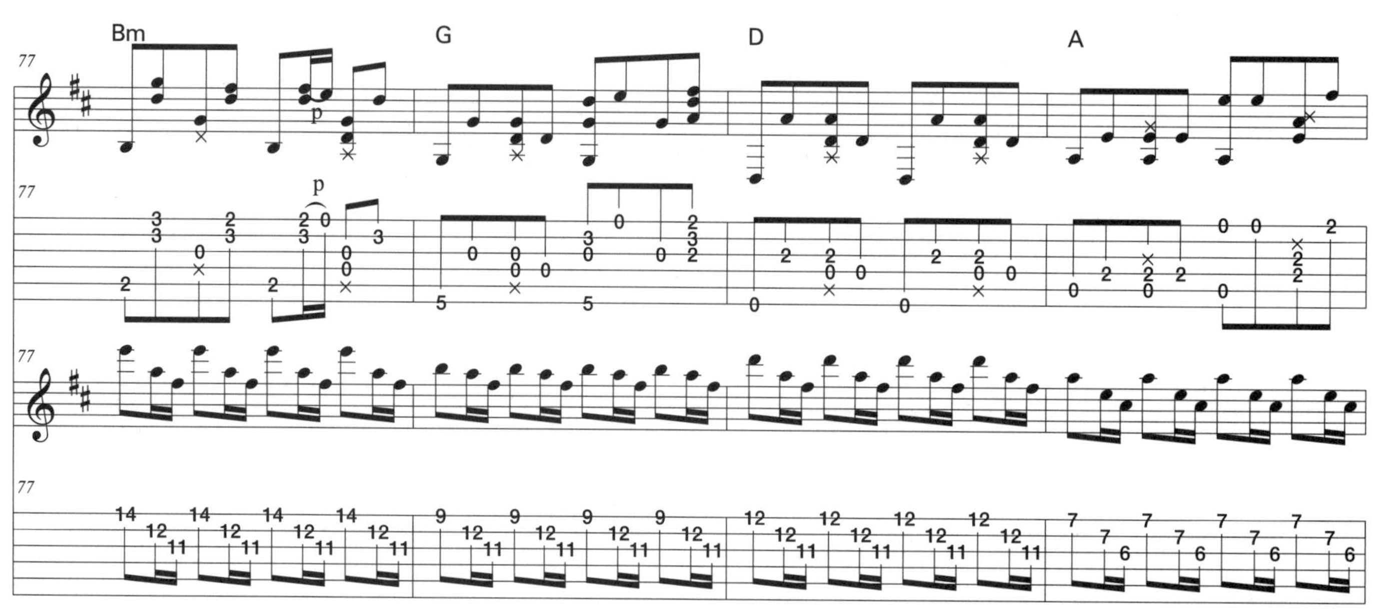
77
Bm   G   D   A

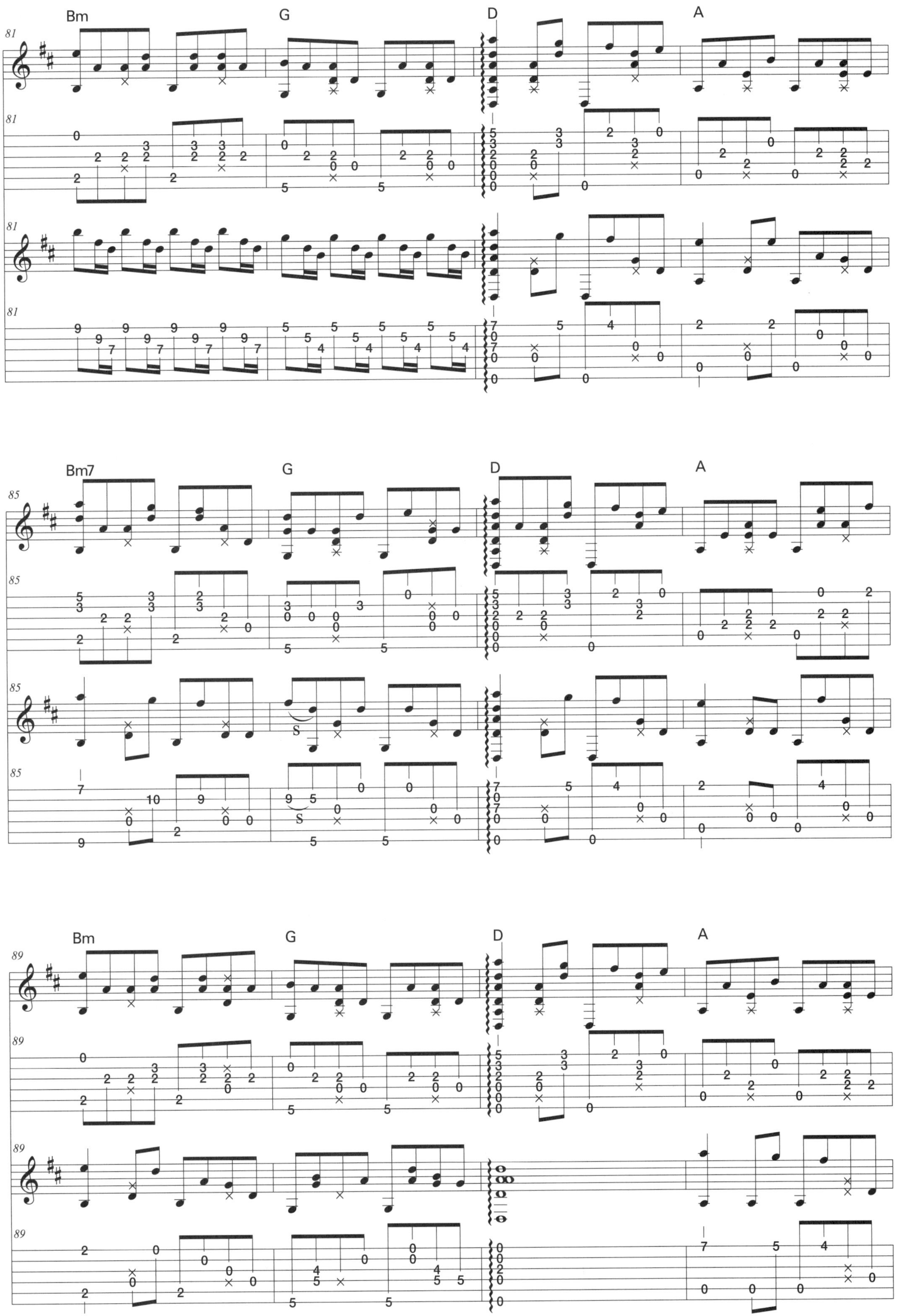

With or Without You

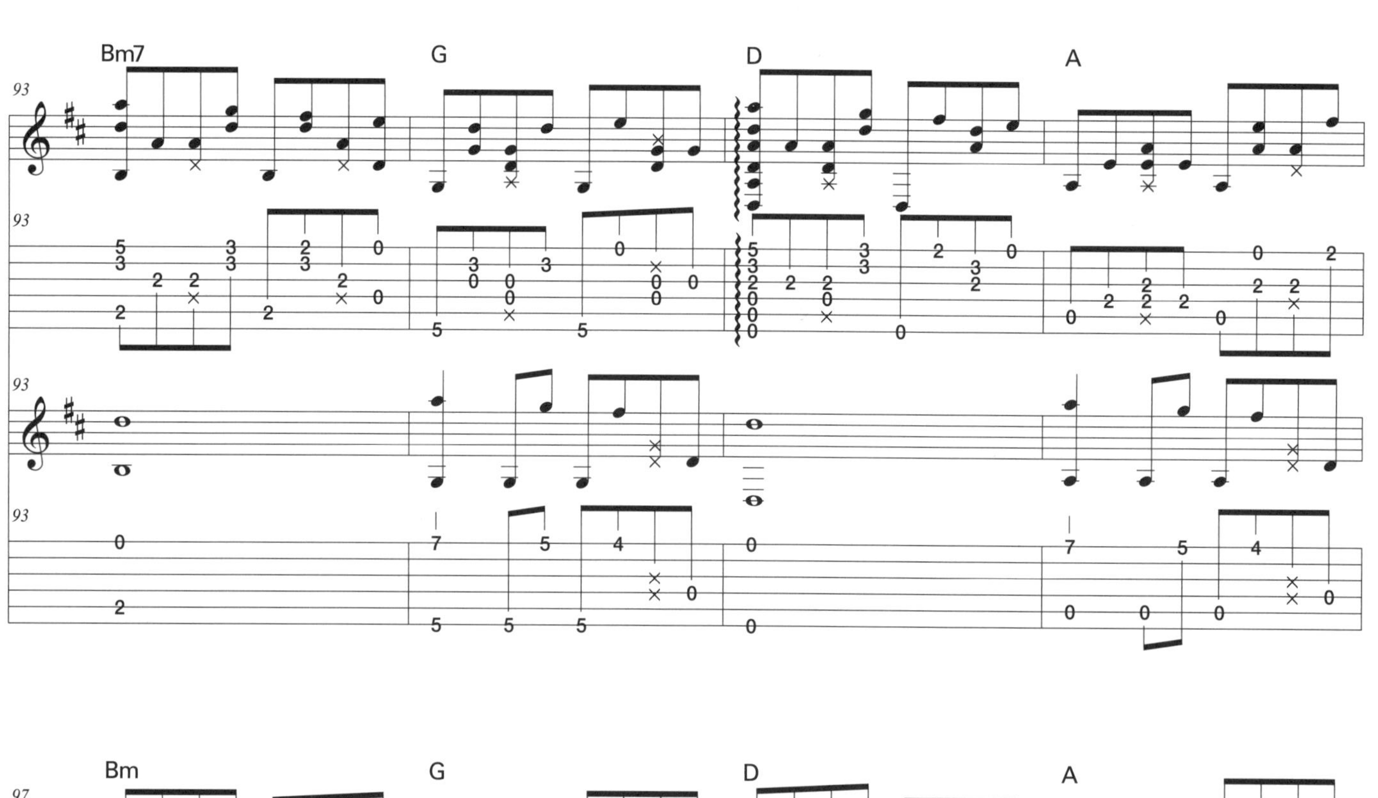
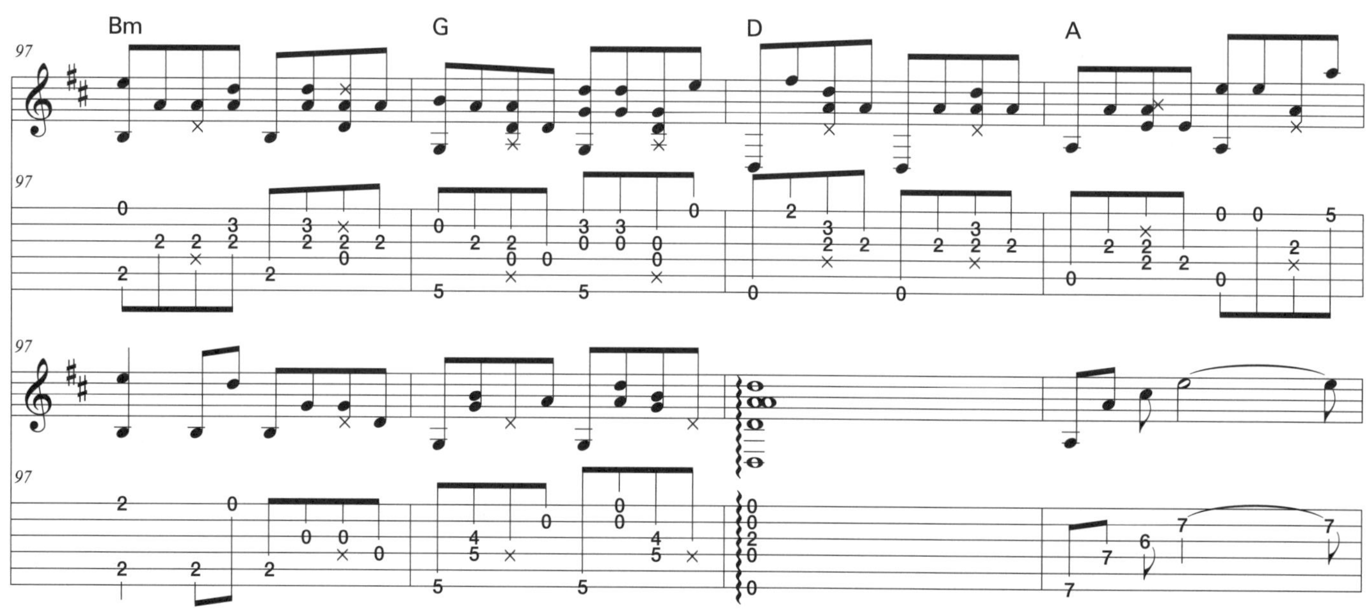
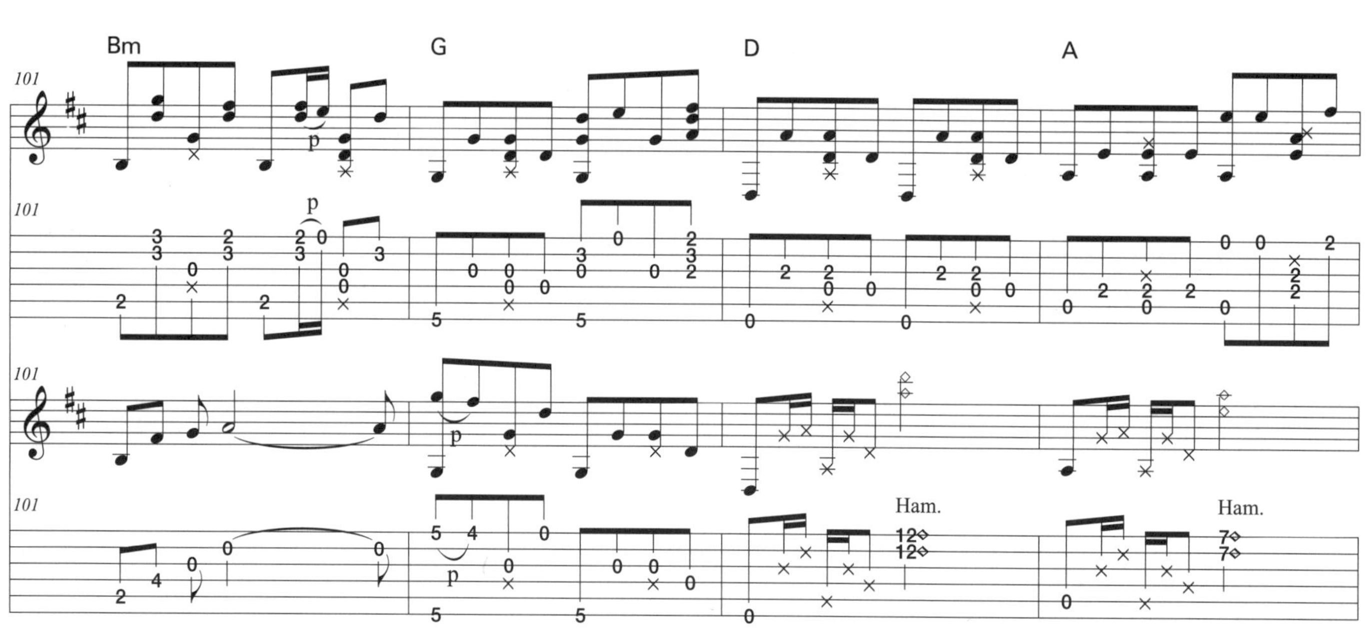

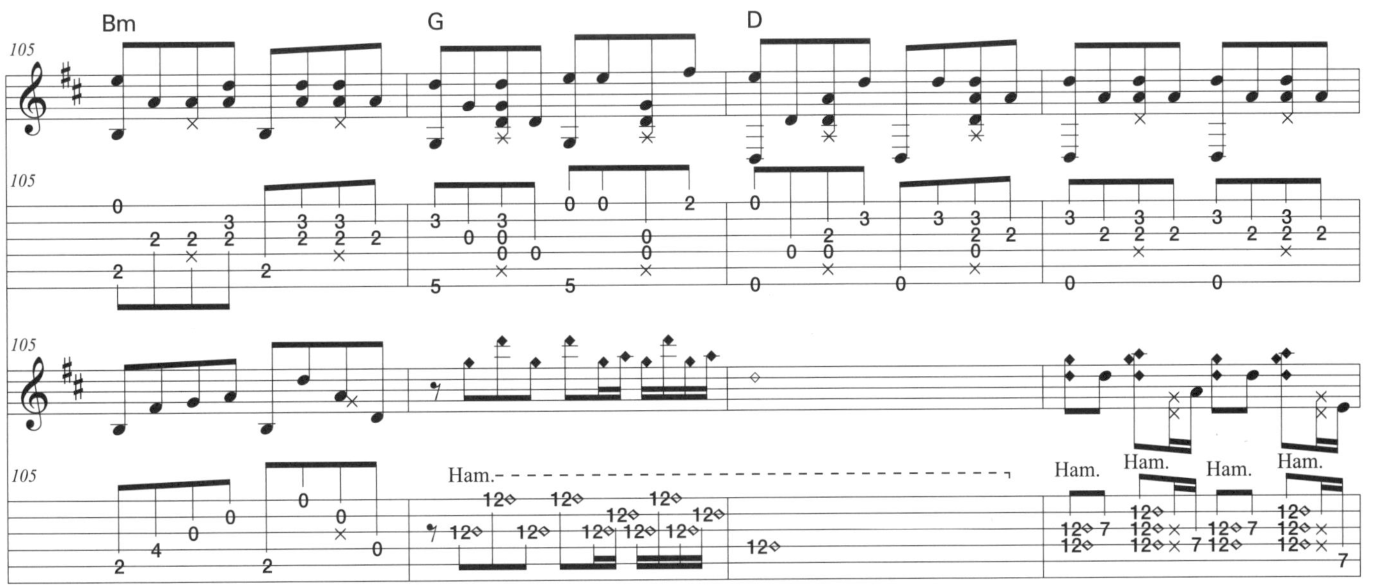

105
Bm
G
D
Ham.

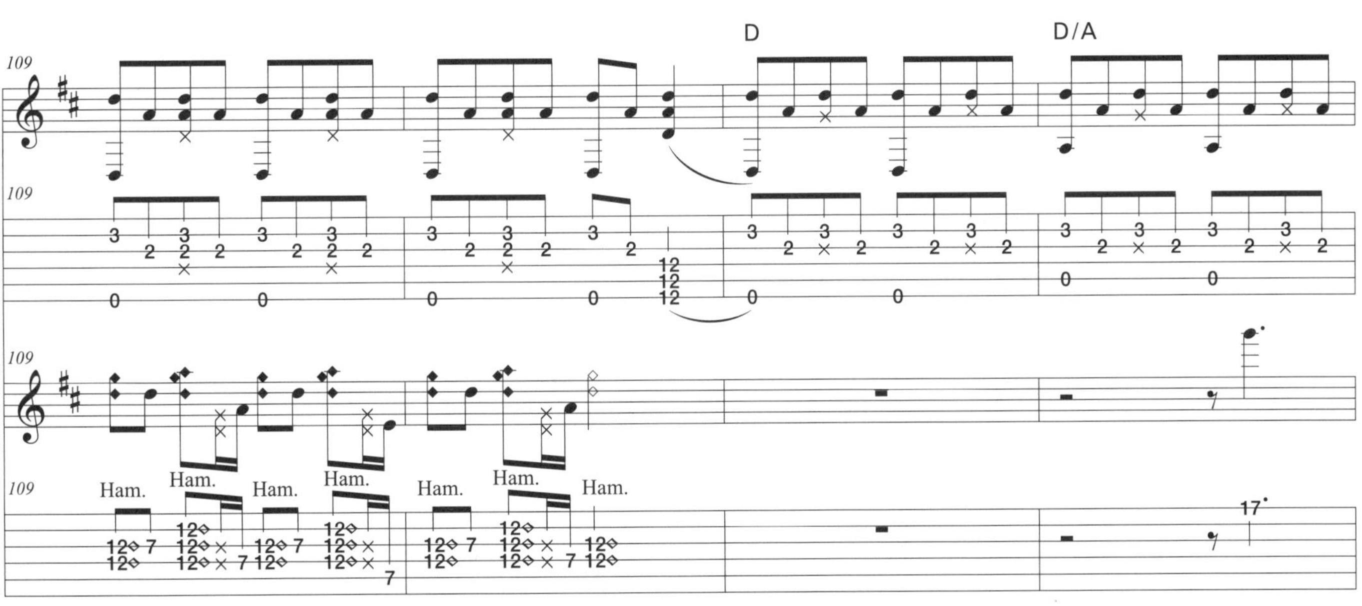

109
D
D/A
Ham.

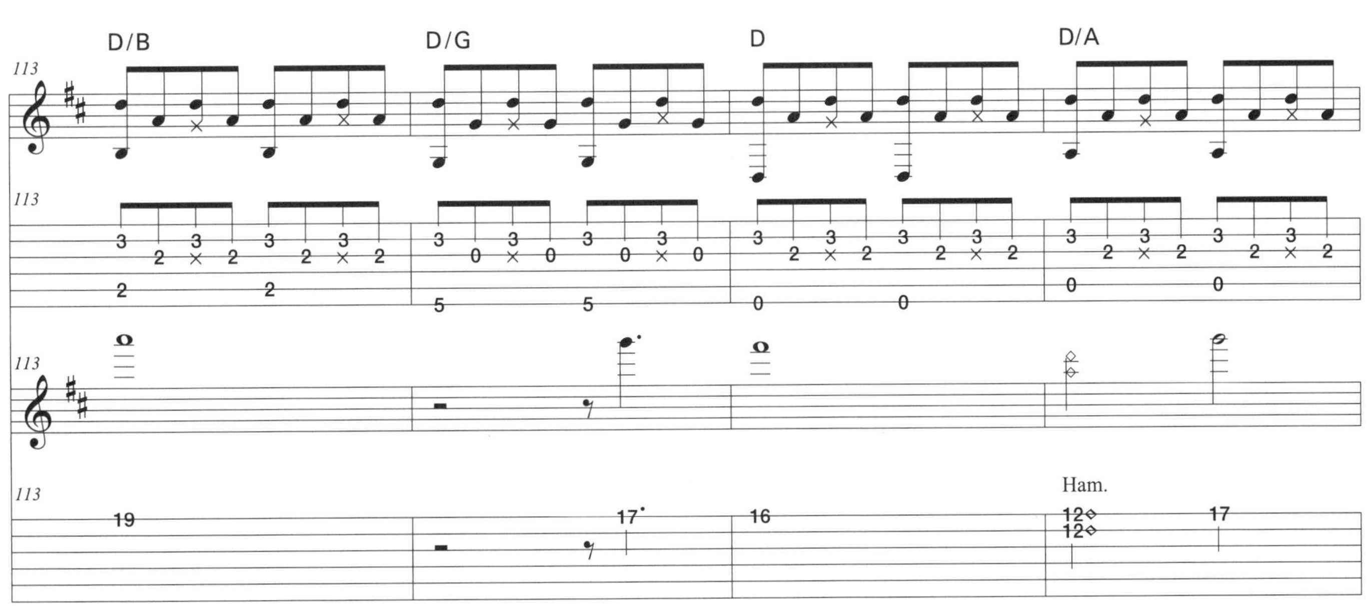

113
D/B
D/G
D
D/A
Ham.

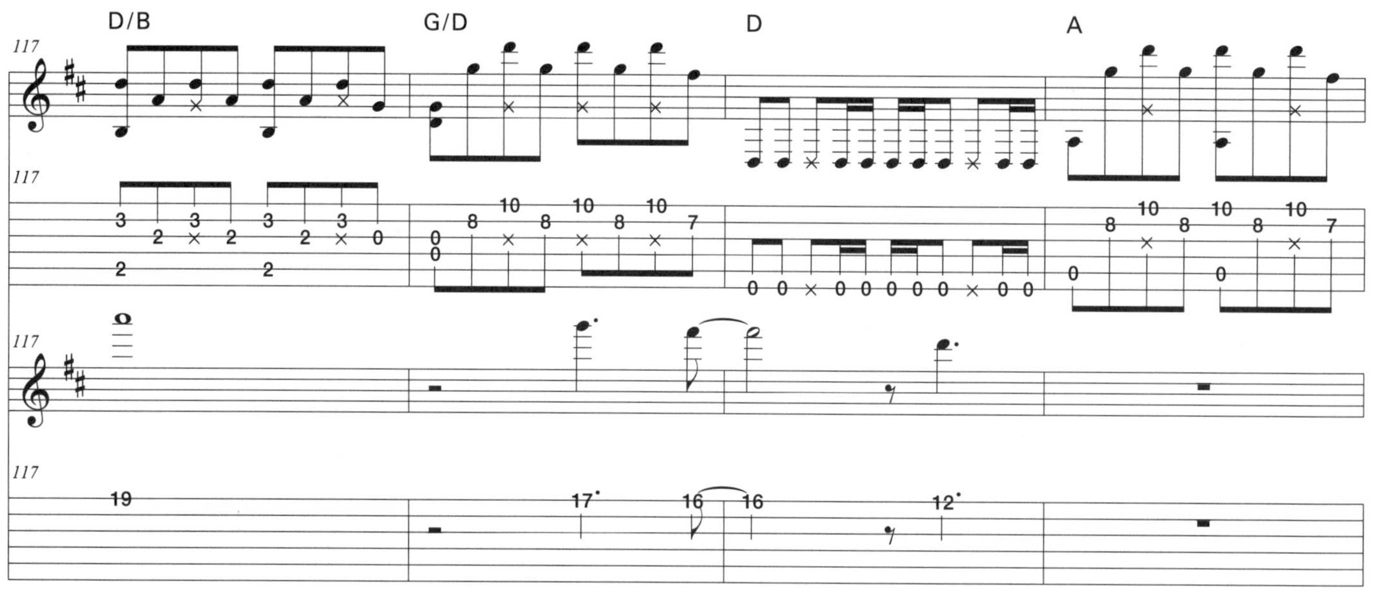

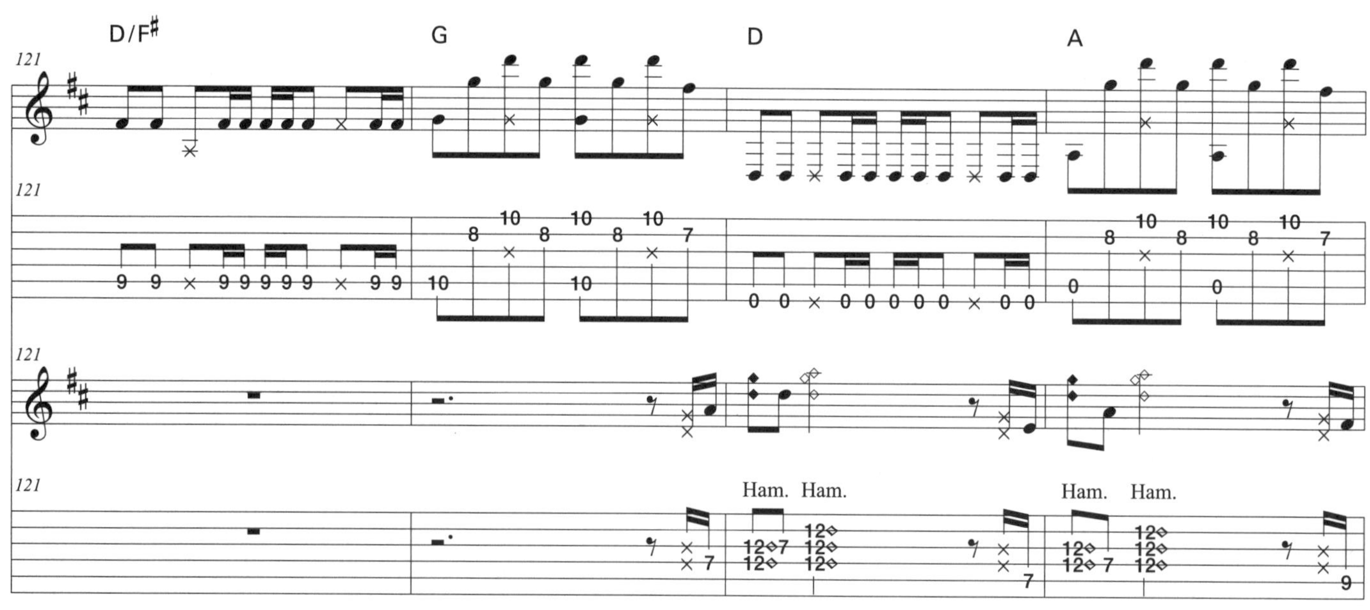

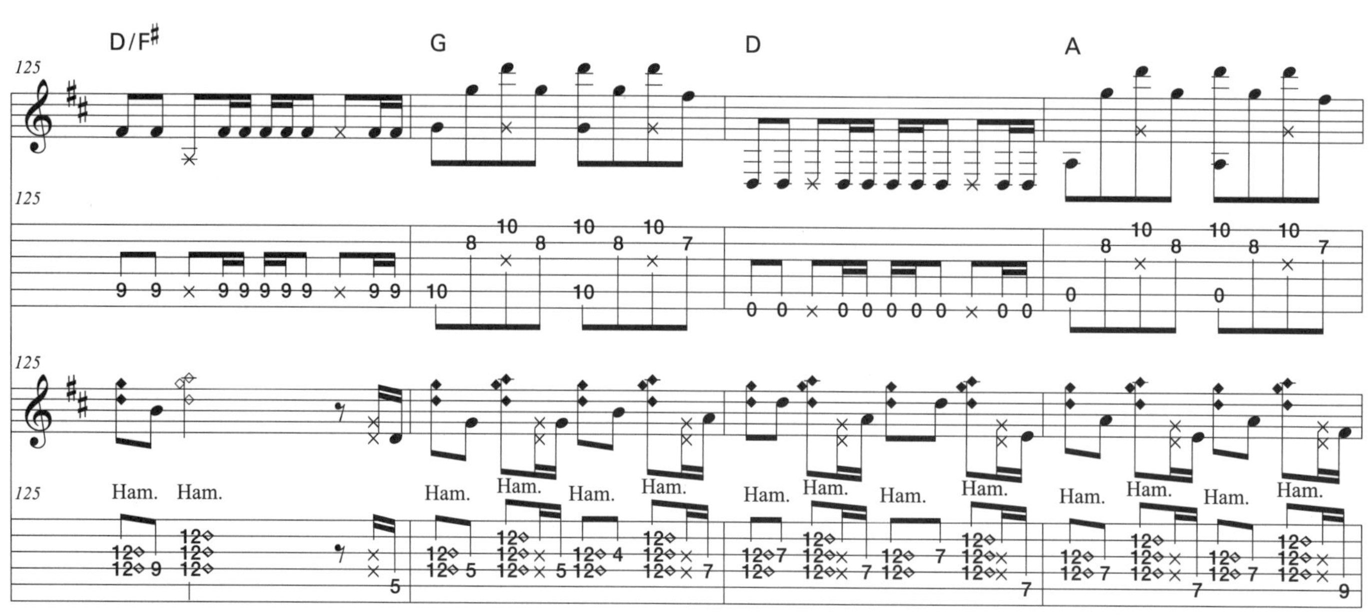

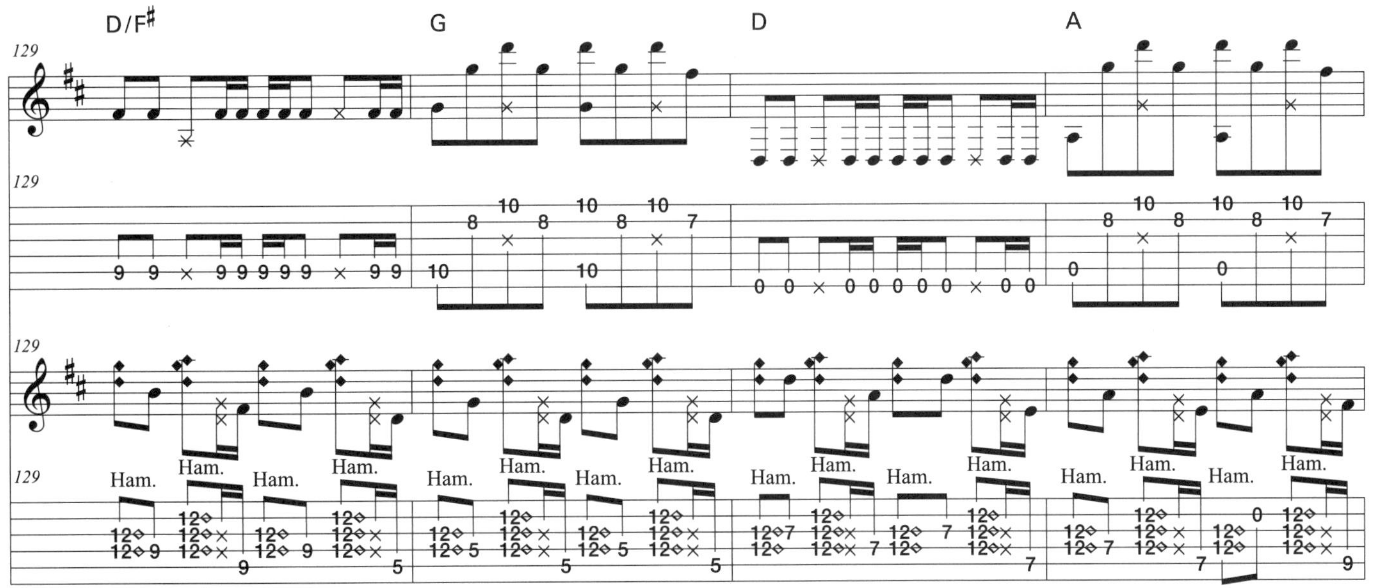

D/F#
G
D
A
129

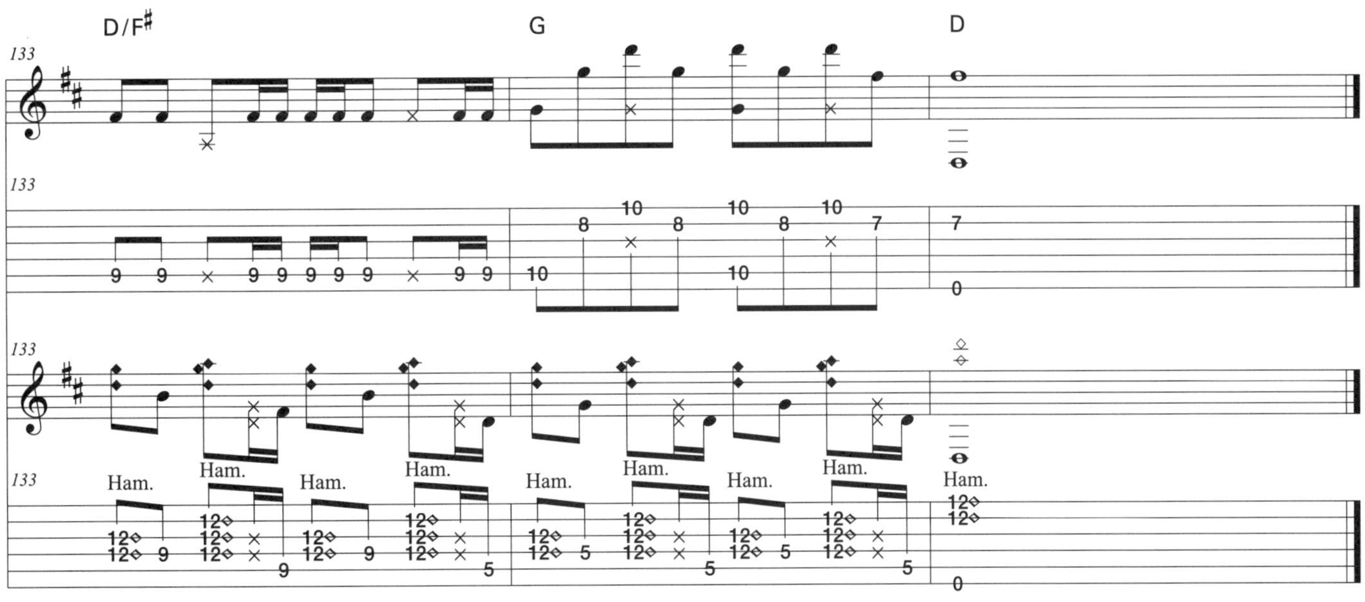

D/F#
G
D
133

The Merry-Go-Round of Life

~from "Howl's Moving Castle"

Music by Joe Hisaishi
©2004 BY STUDIO GHIBLI, INC.
SONY/ATV MUSIC PUBLISHING KOREA

The Merry-Go-Round of Life

The Merry-Go-Round of Life

73
free
p p
77
free
S p h S p h
a tempo
FM7 G A F G C
81
F#dim B Em D C Bm FM7 G Am F G C
85
F#dim B Em D C B E
89

D7
G D7 G Bm
F# Bm F# B7
Em A D G# C#m
F# Am B
93
The Merry-Go-Round of Life

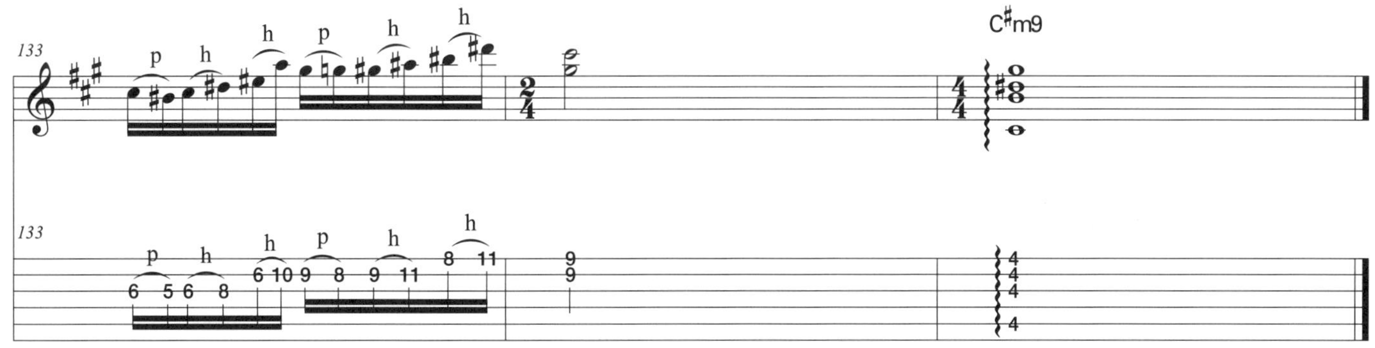

The Merry-Go-Round of Life

Gravity

작곡 정성하
© Sungha Jung Music

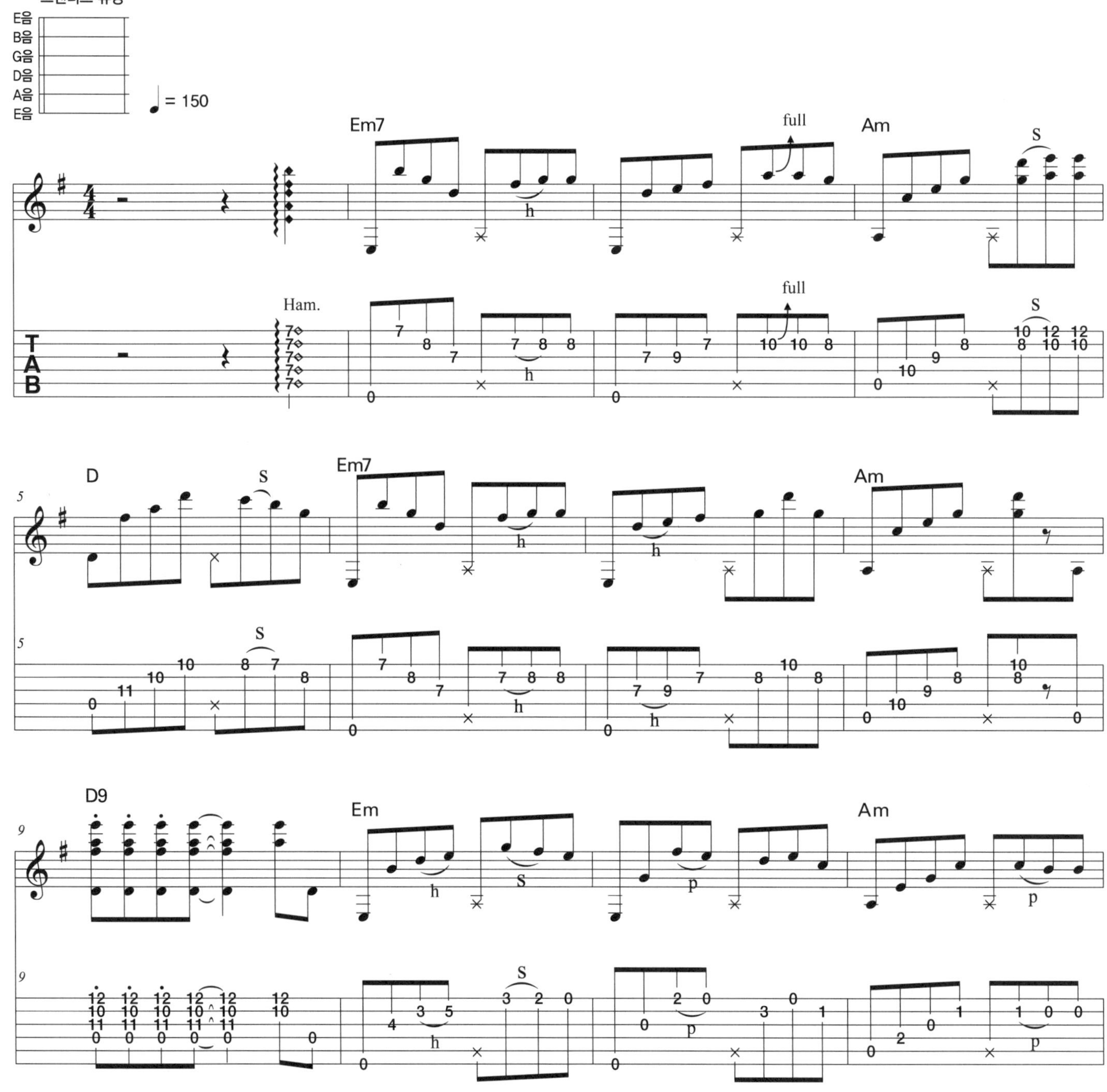

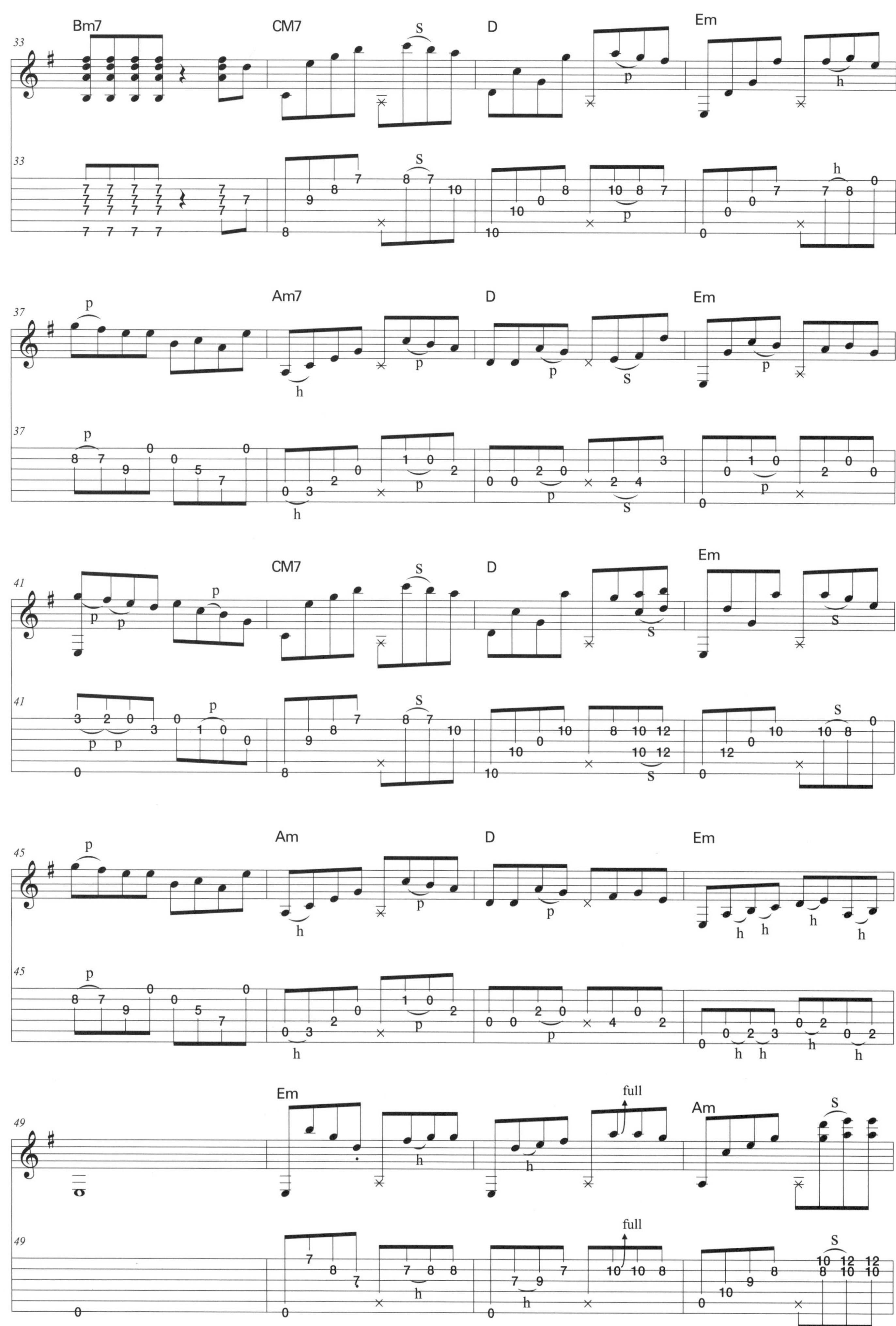

Bm7
CM7
S
D
Em
p
h
p
Am7
D
Em
h
p
S
p
p
S
h
CM7
S
D
Em
p
p
S
S
Am
D
Em
h
p
p
h h h
h h h
Em
full
Am
S
h h
full
S

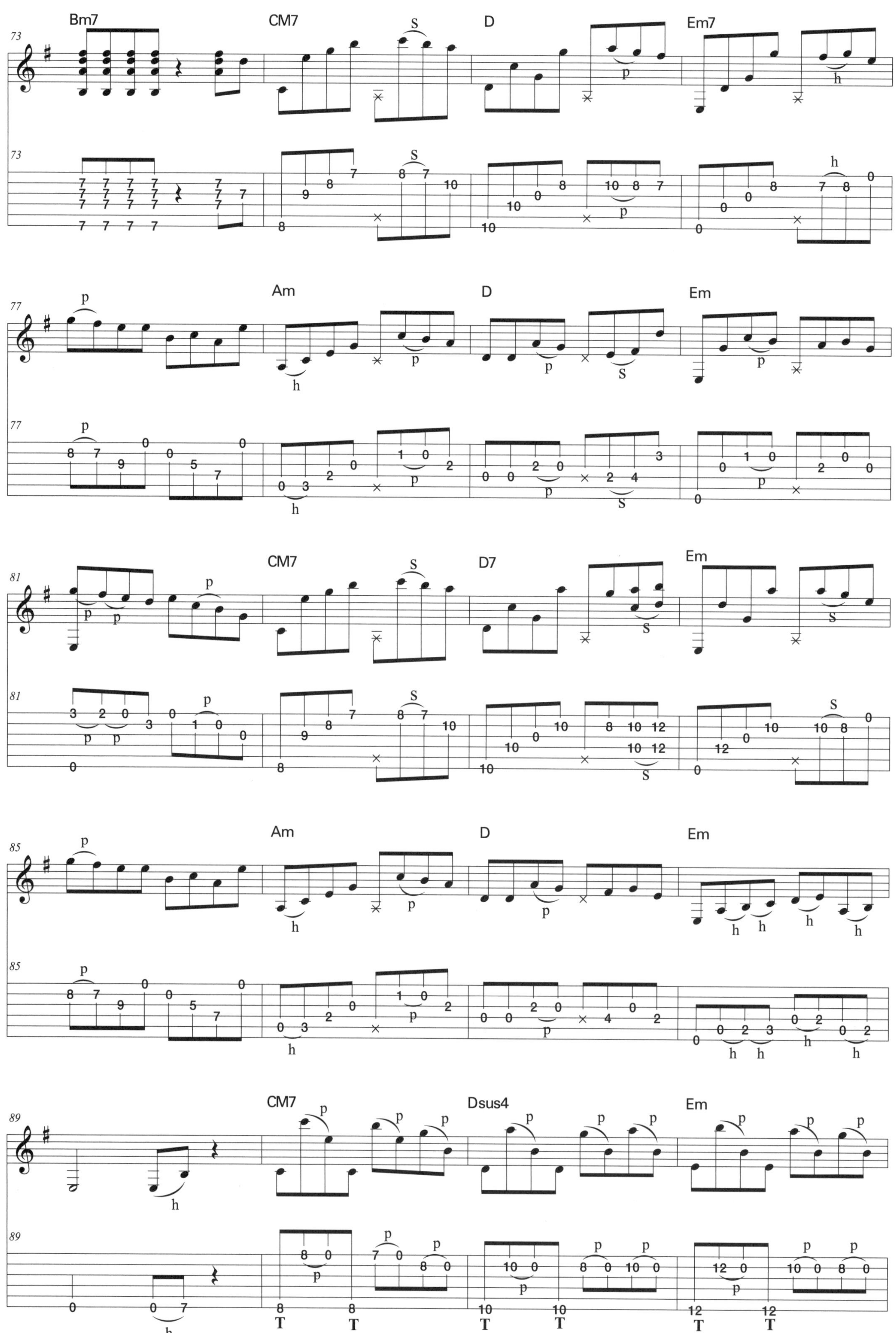

Bm7
CM7
D
Em7
Am
D
Em
CM7
D7
Em
Am
D
Em
CM7
Dsus4
Em

Paint it Acoustic

Em
Am
D7
Em
Am
D9
Em
Am
D
Em
Am
D9
Em
Am
Em

Hot Chocolate

작곡 정성하
© Sungha Jung Music

Hot Chocolate

Hot Chocolate

Monster **(BIGBANG)**

Music by G-Dragon, 최필강
(주)YG엔터테인먼트

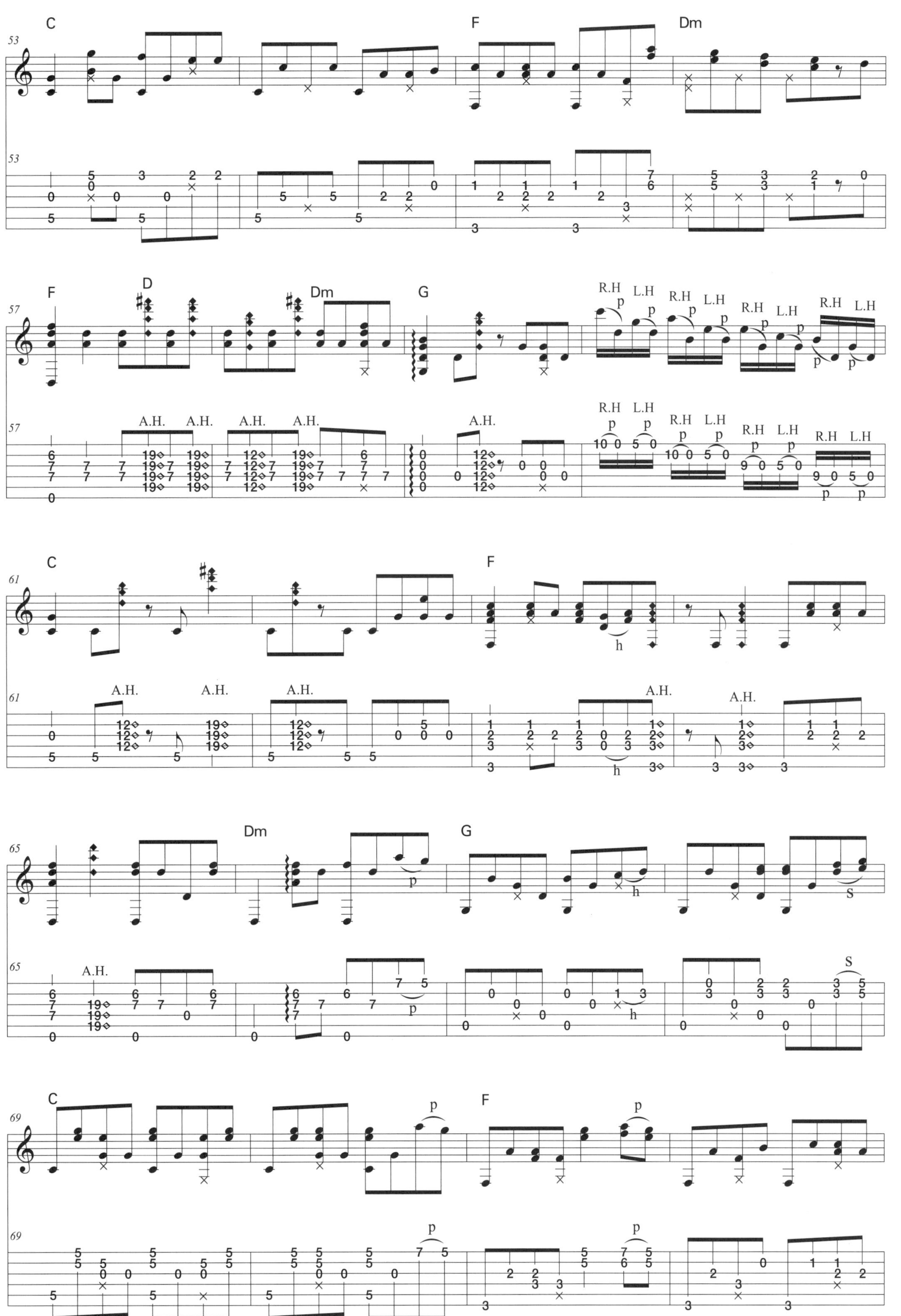

93
C
F
p
G
Dm
A.H.
D
G
C
p
S
F
p
D
A.H.
D
G
C
p

Fanoe ~with Ulli Boegershausen

작곡 Ulli Boegershausen
© Laika–Records and Publishing

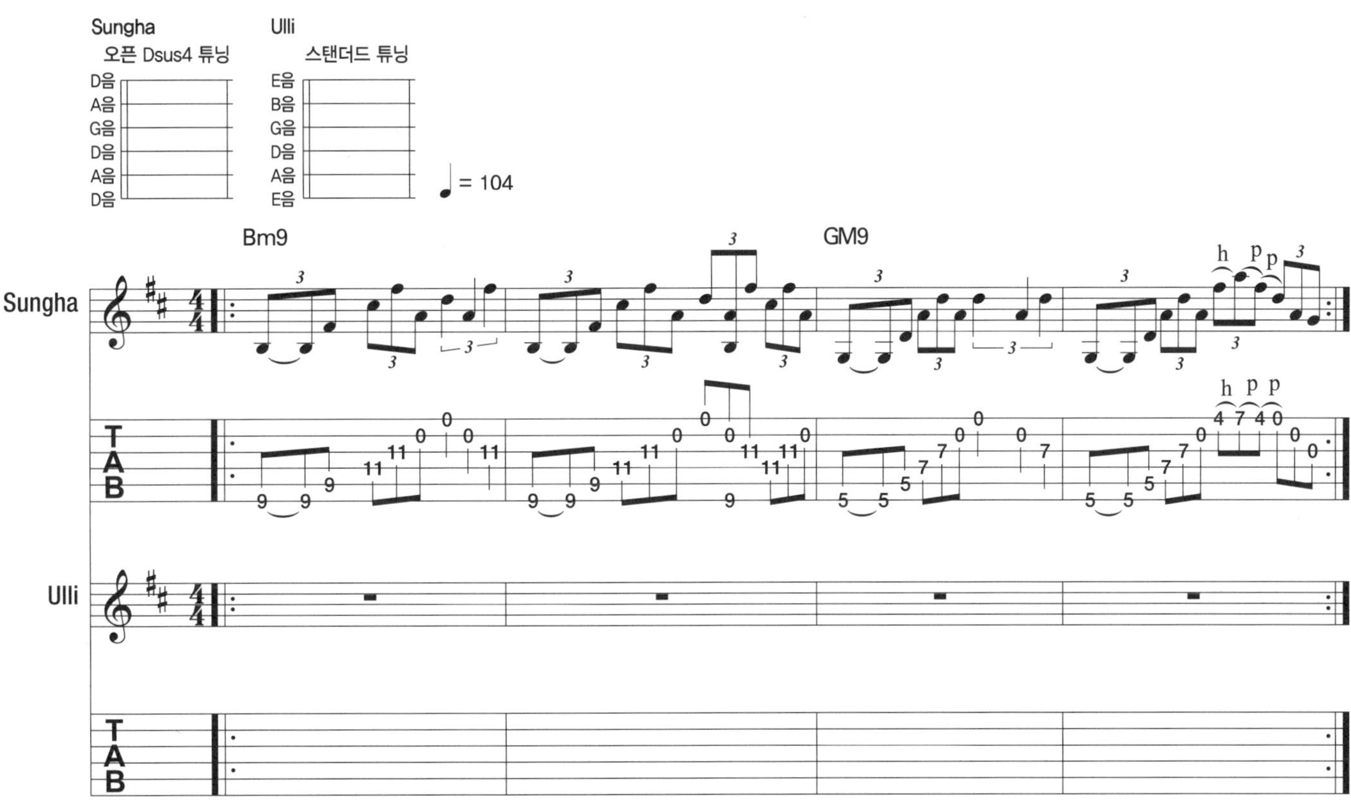

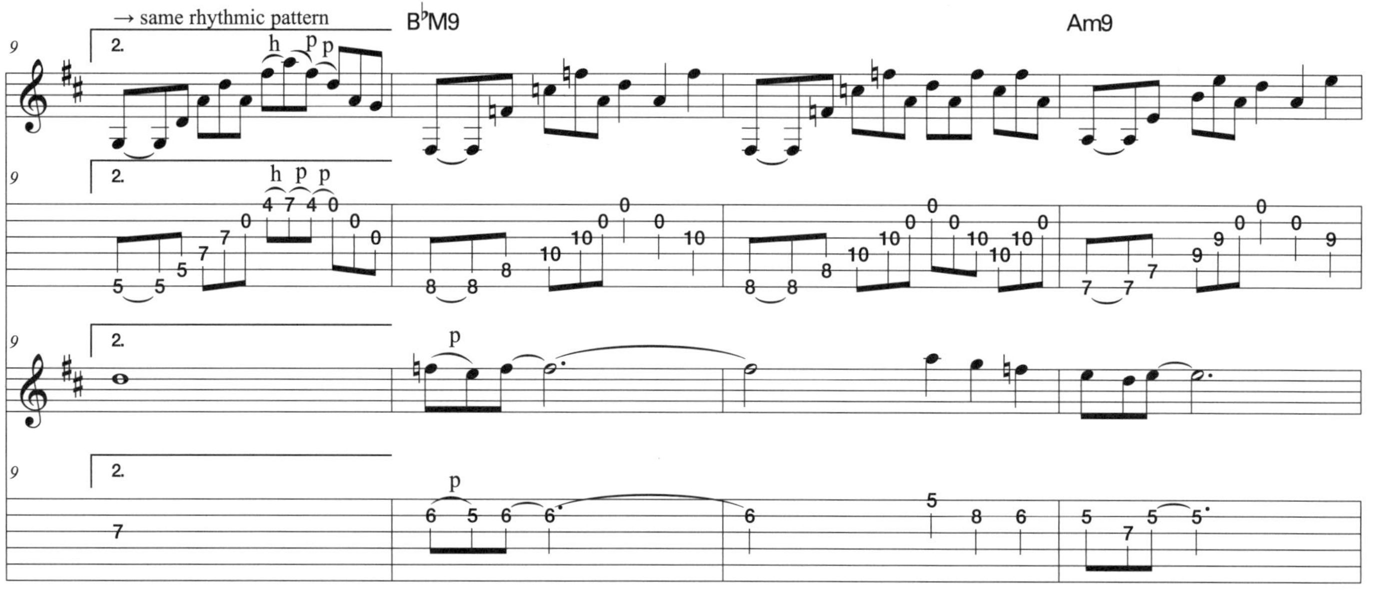

Paint it Acoustic

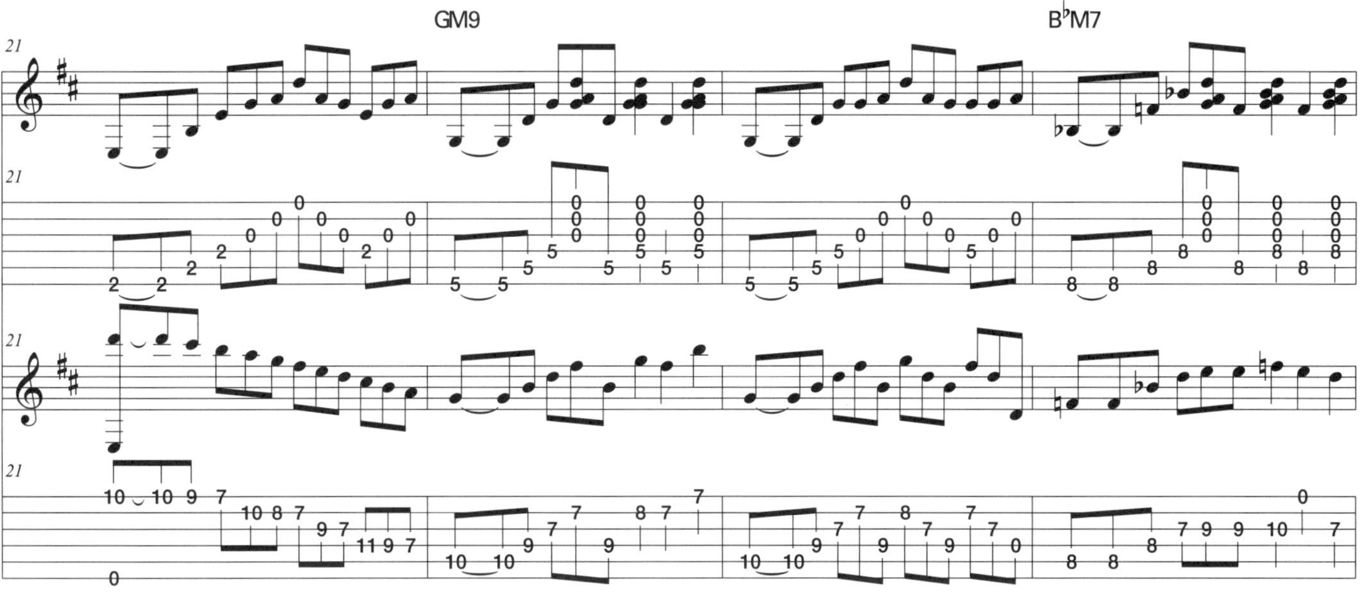
GM9
B♭M7
21

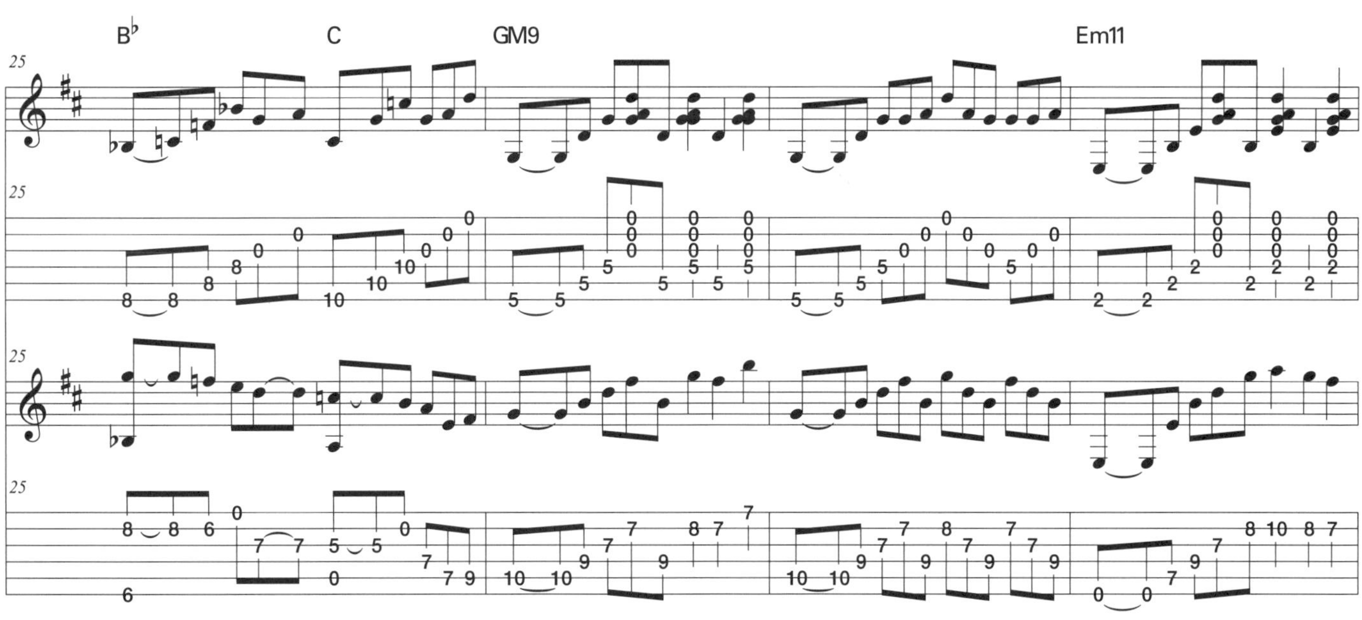
B♭
C
GM9
Em11
25

B♭M9
E♭
A
29

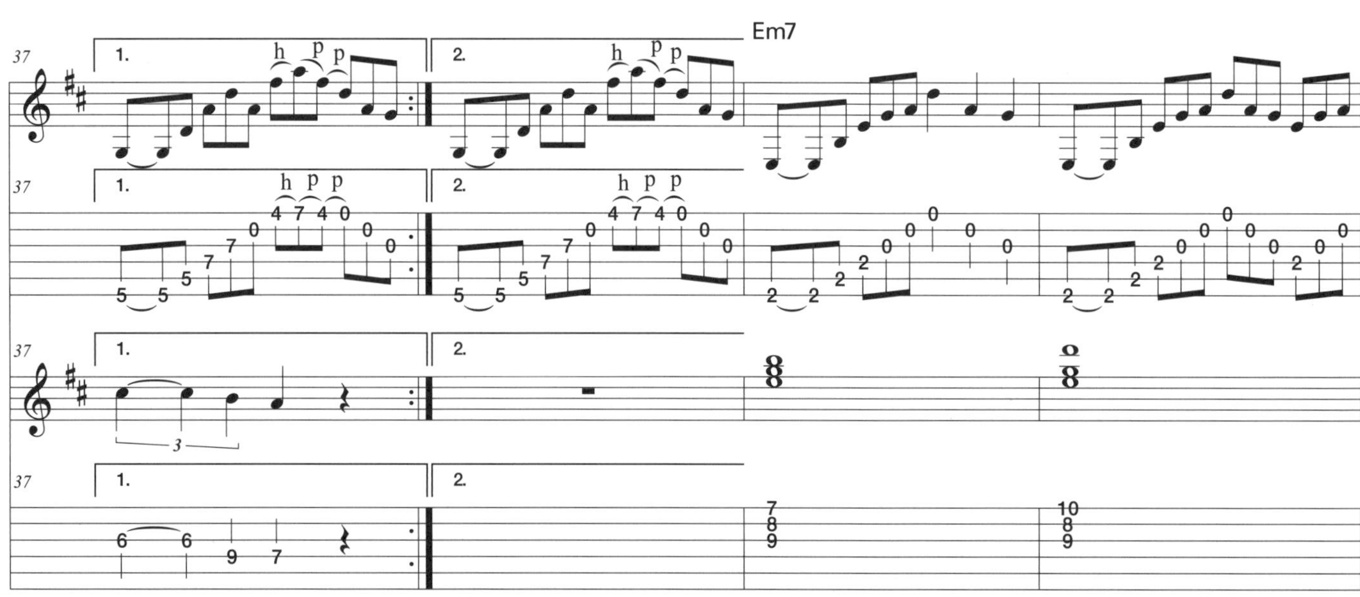

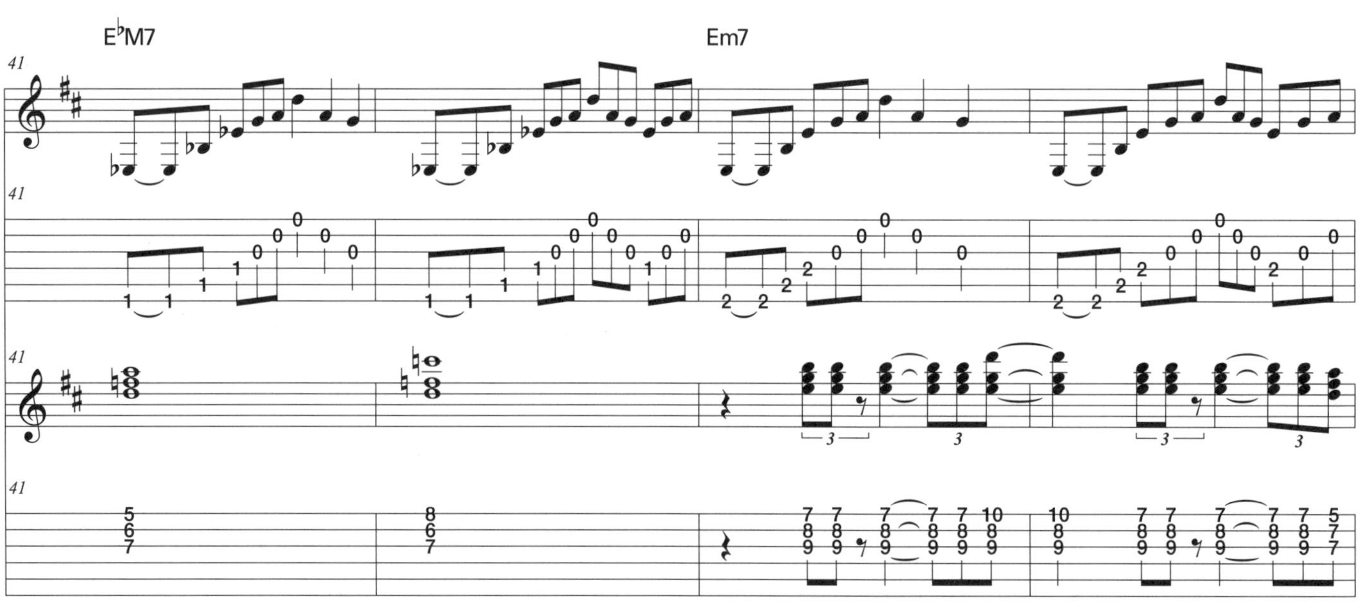

DM7
A
GM9
45

Em11
GM9
49

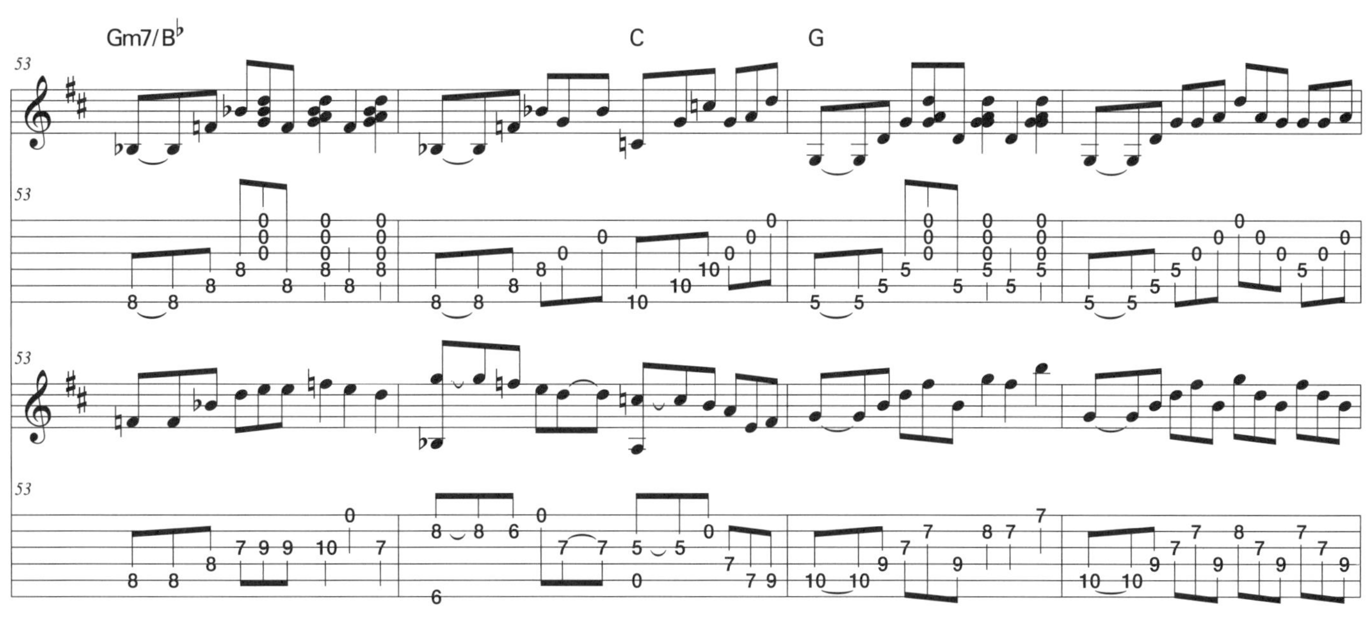
Gm7/B♭
C
G
53

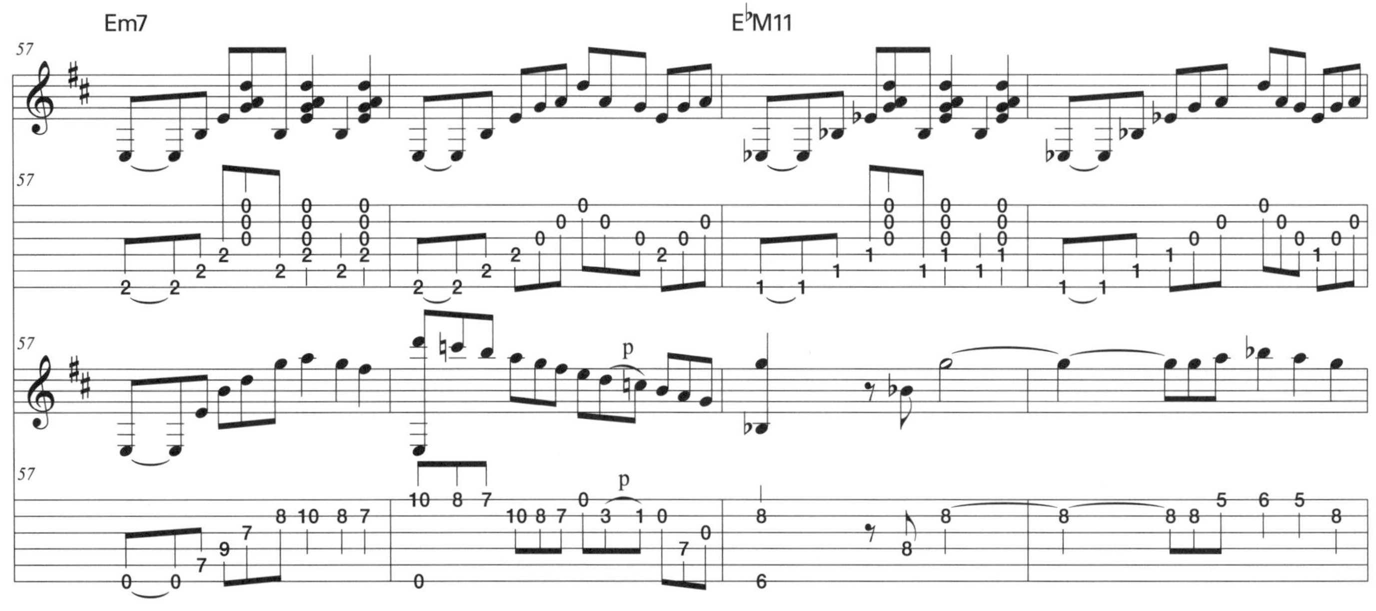

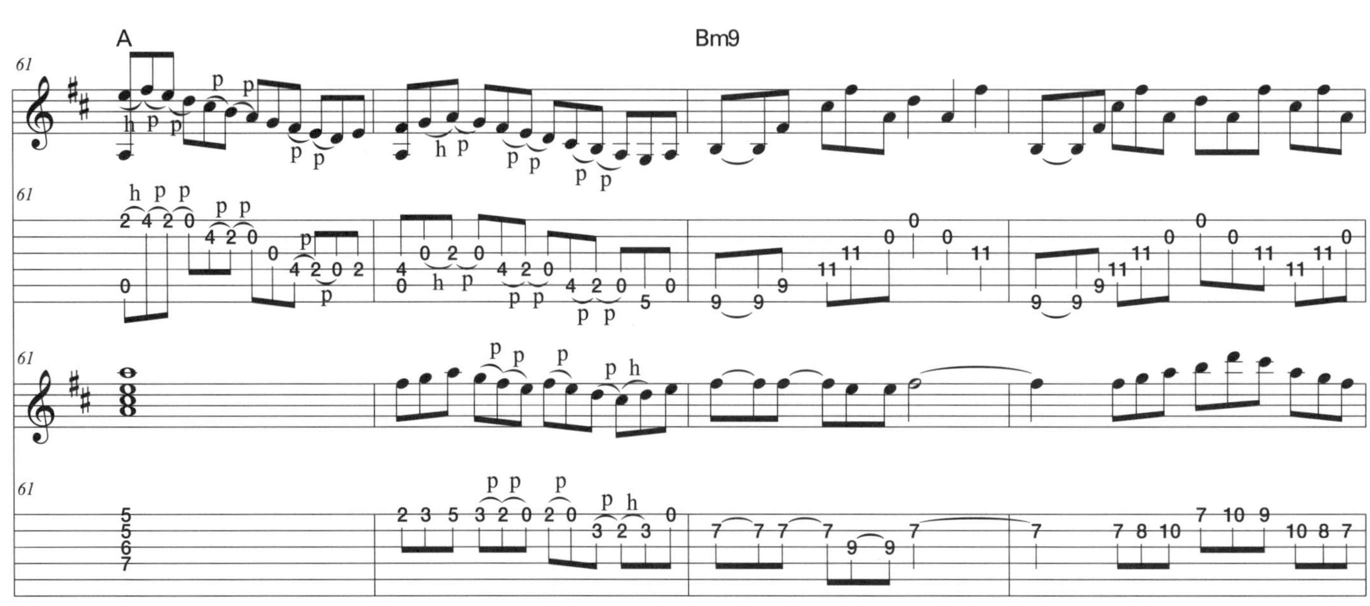

Paint it Acoustic

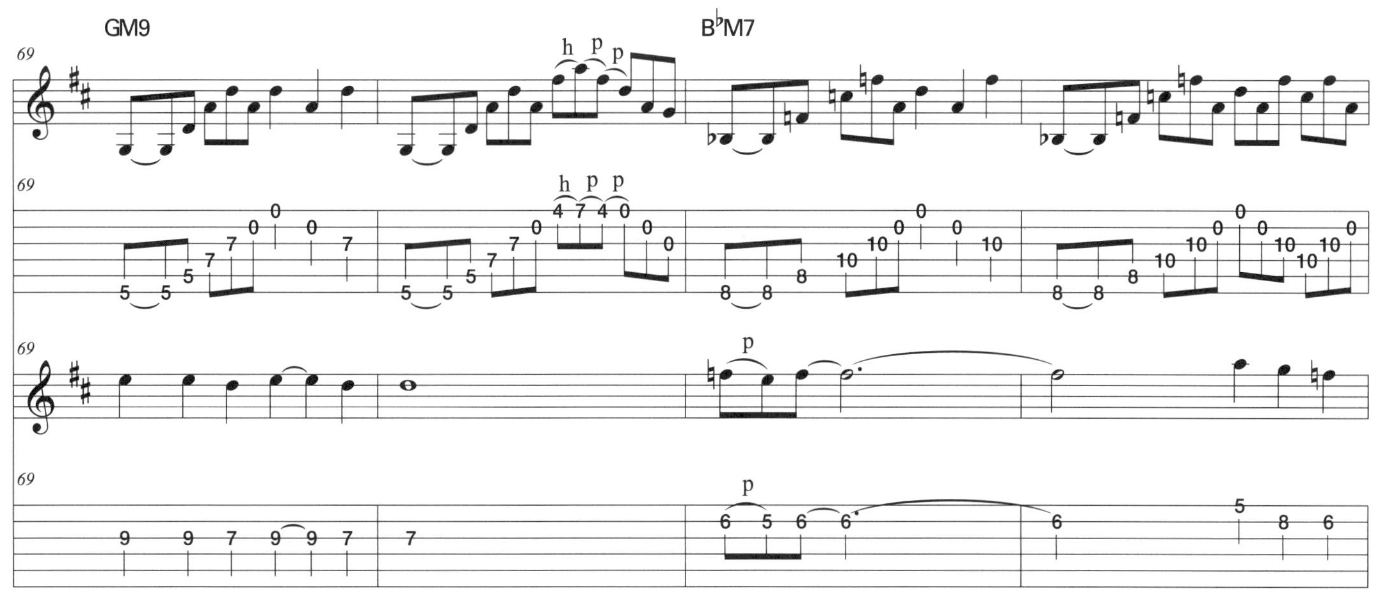
GM9
B♭M7
69

Am9
B♭M7
73

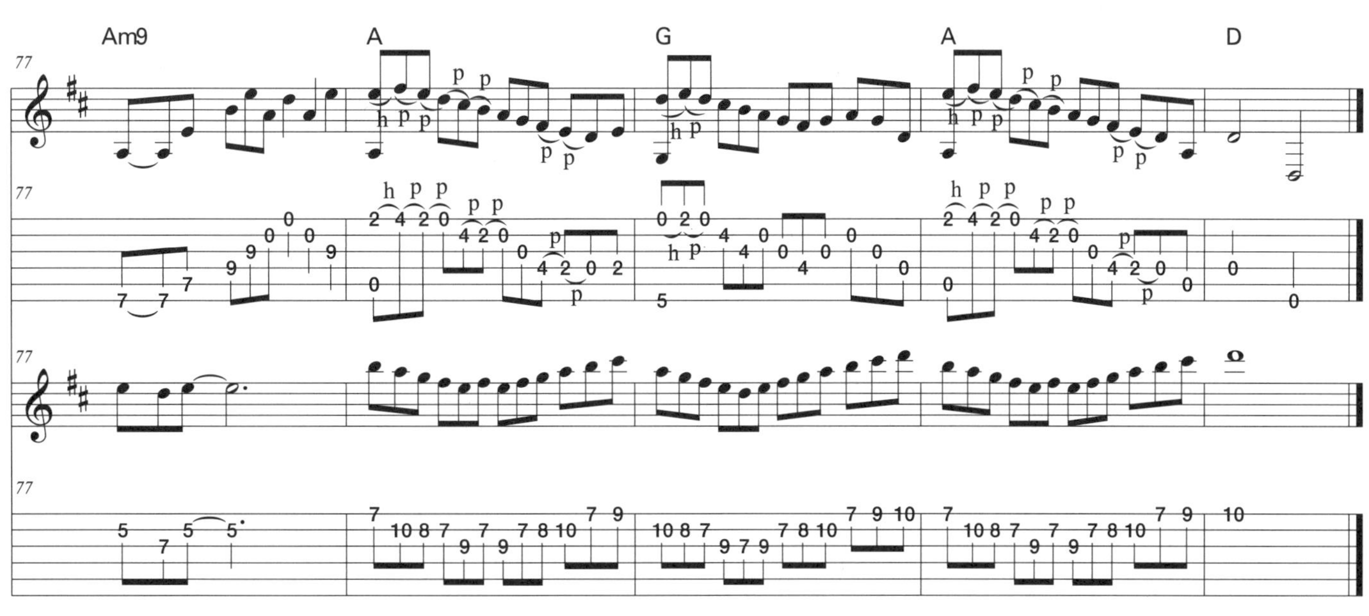
Am9
A
G
A
D
77

Coming Home ~with Ulli Boegershausen

작곡 Ulli Boegershausen
© Acoustic Music Books

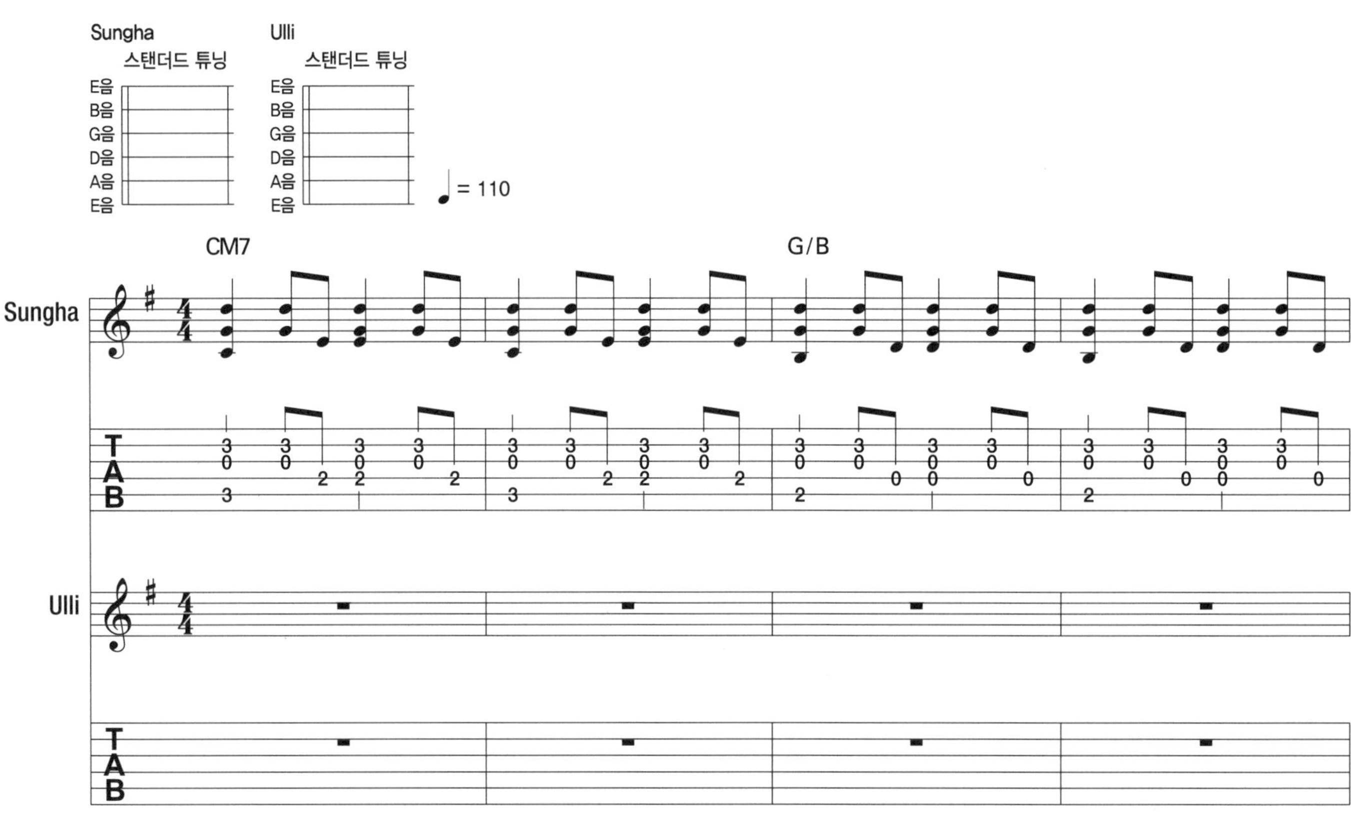

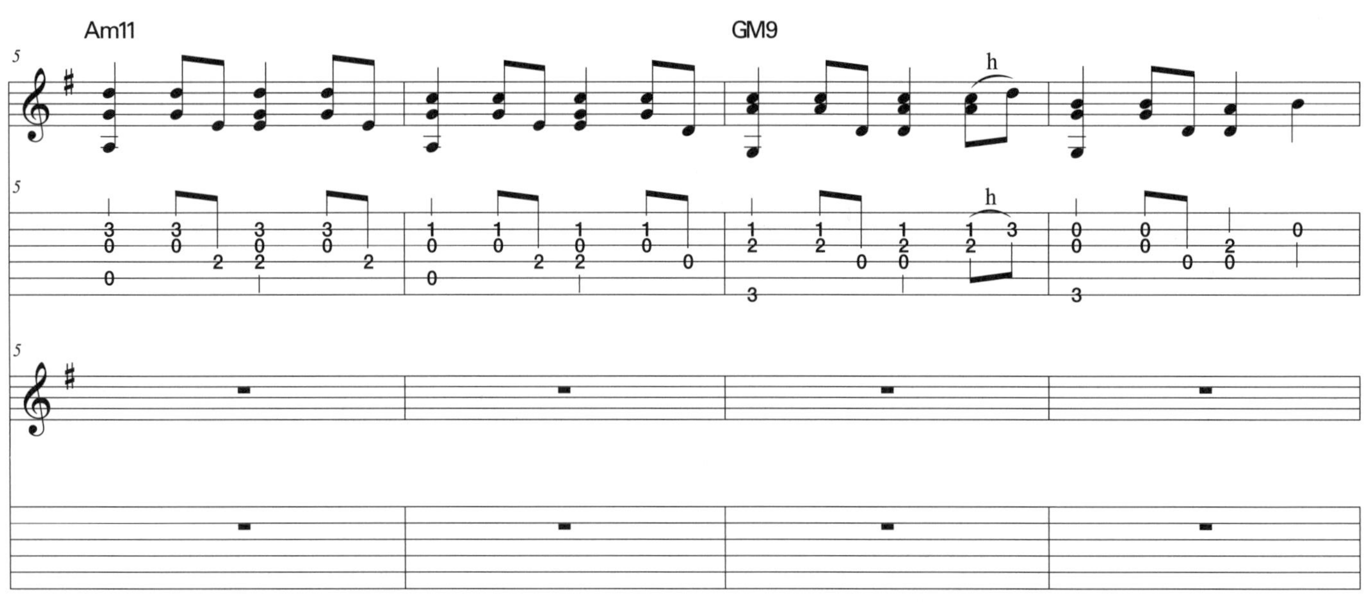

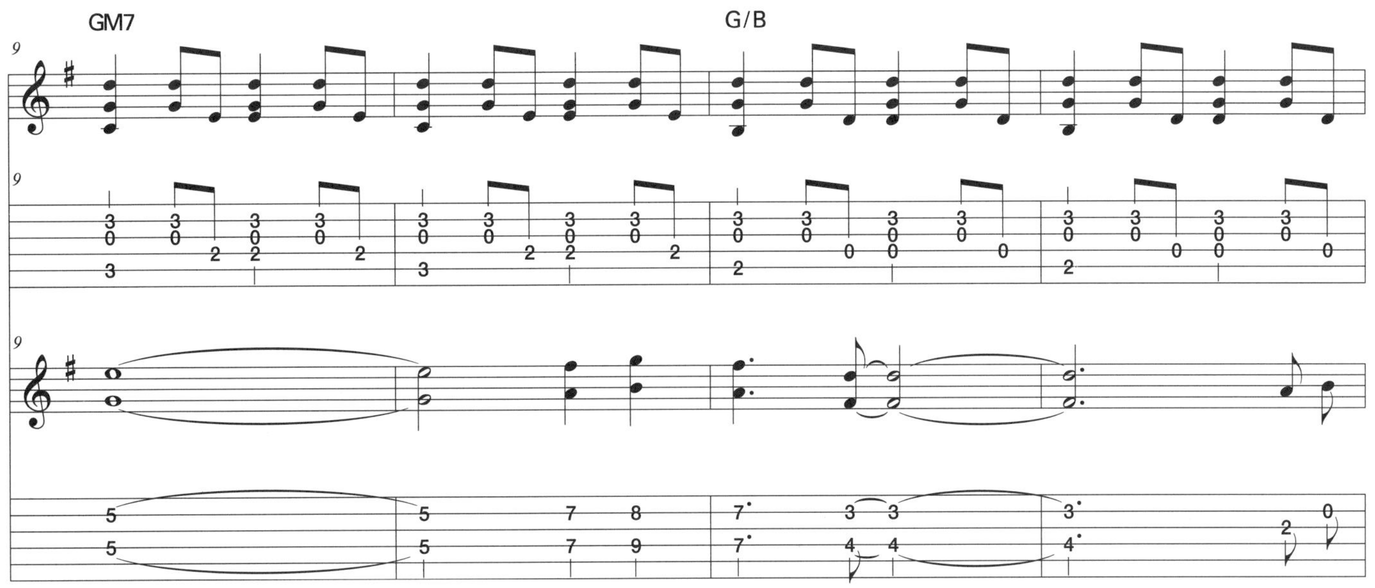
GM7
G/B
9

Am11
GM9
13
h

CM7
G/B
17
S

21
Am11
GM9
h

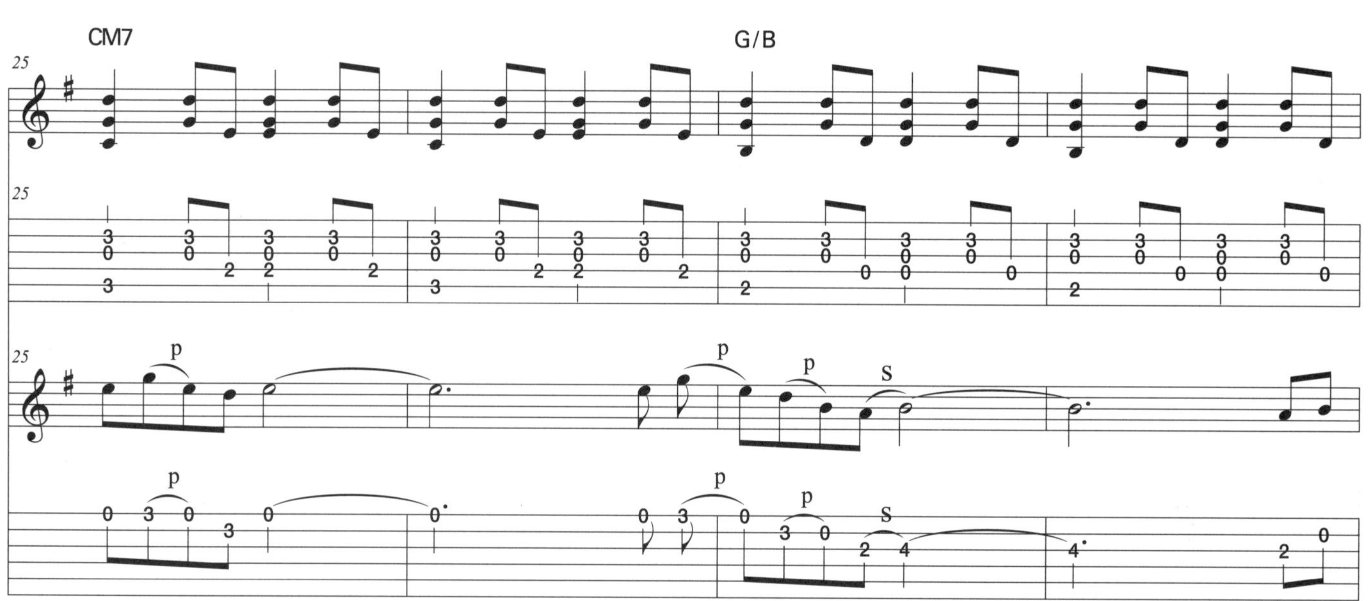

25
CM7
G/B
p
p
p
S

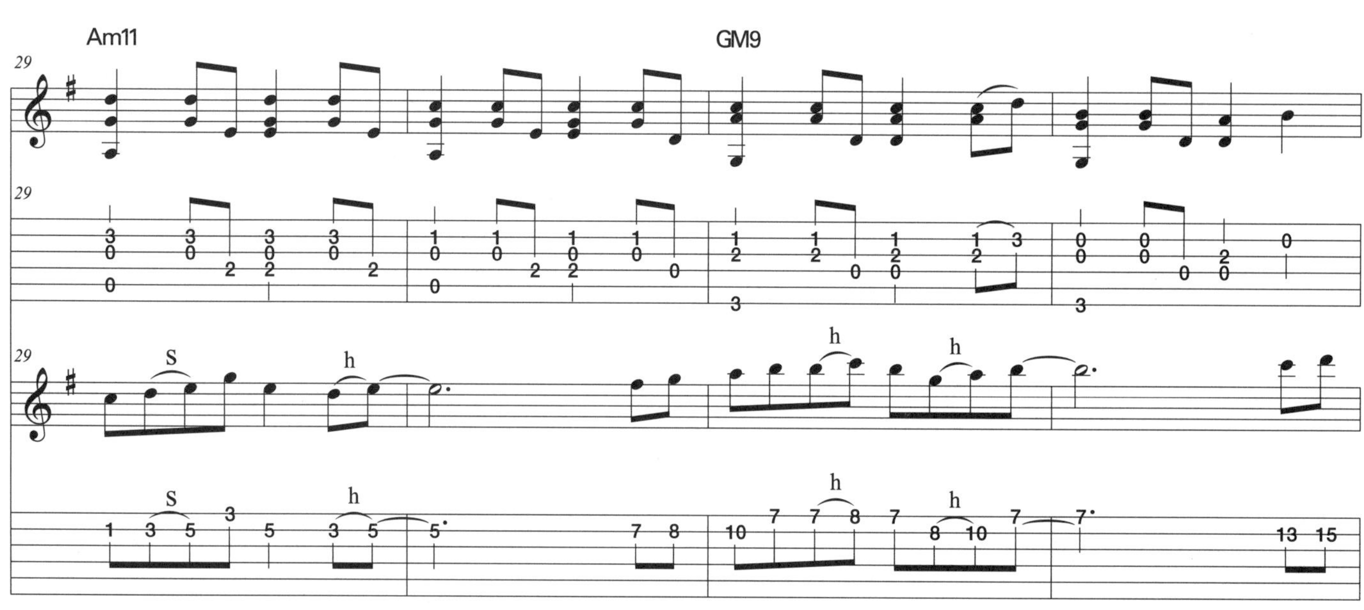

29
Am11
GM9
S
h
h
h

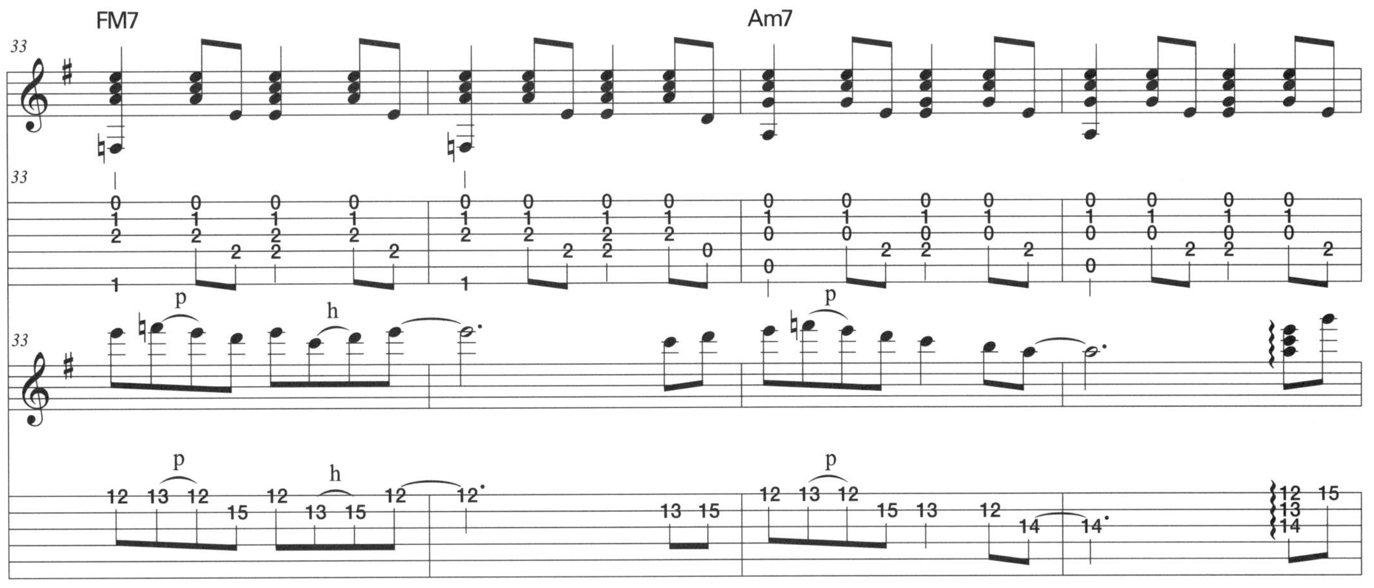

FM7
Am7
33
33
33
p
h
p
p
h
p
12 13 12 15 12 13 15 12 12.
13 15
12 13 12 15 13 12 14 14.
12 15
13
14

Dm/B
E7
37
37
37
p
p h h p
p
h h
p h
p h
h
p
13 12 13 15 15.
5 8 5 8 5 8 5 8 5 8 5 7 7 5 7 5
p h
h
5 7
5 7 5 5 5 5 7 5 7
7 5 7
p h
p h
h
15
5
7 7 5 7

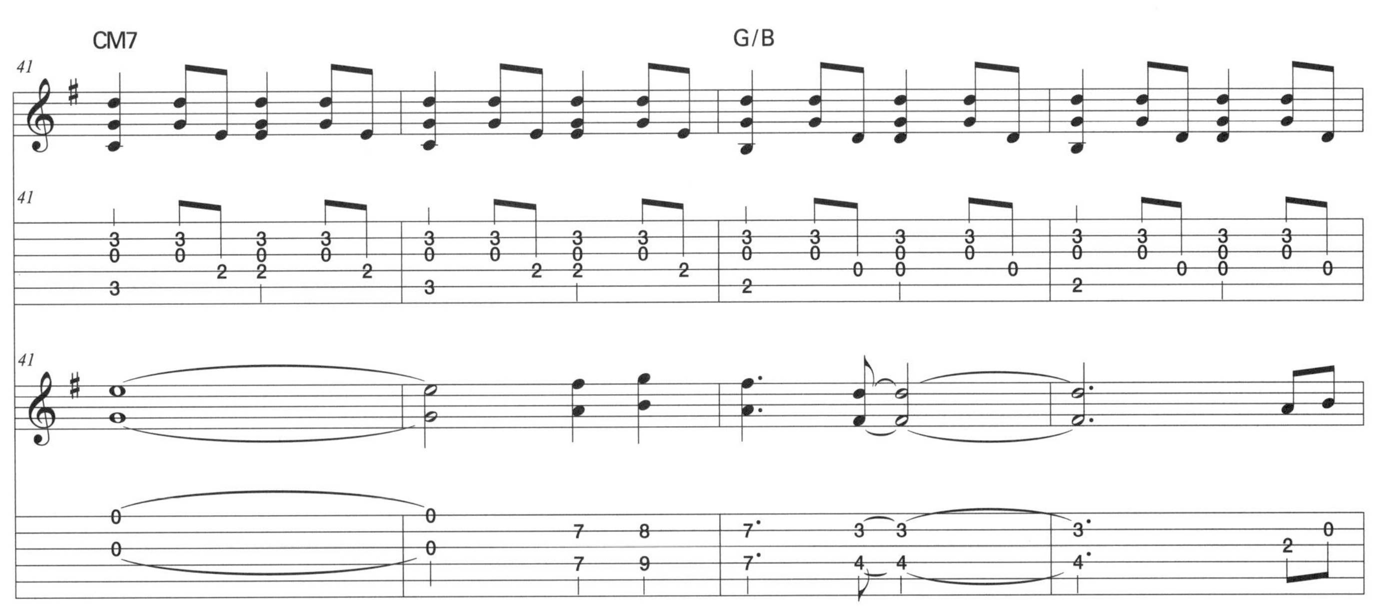

CM7
G/B
41
41
41

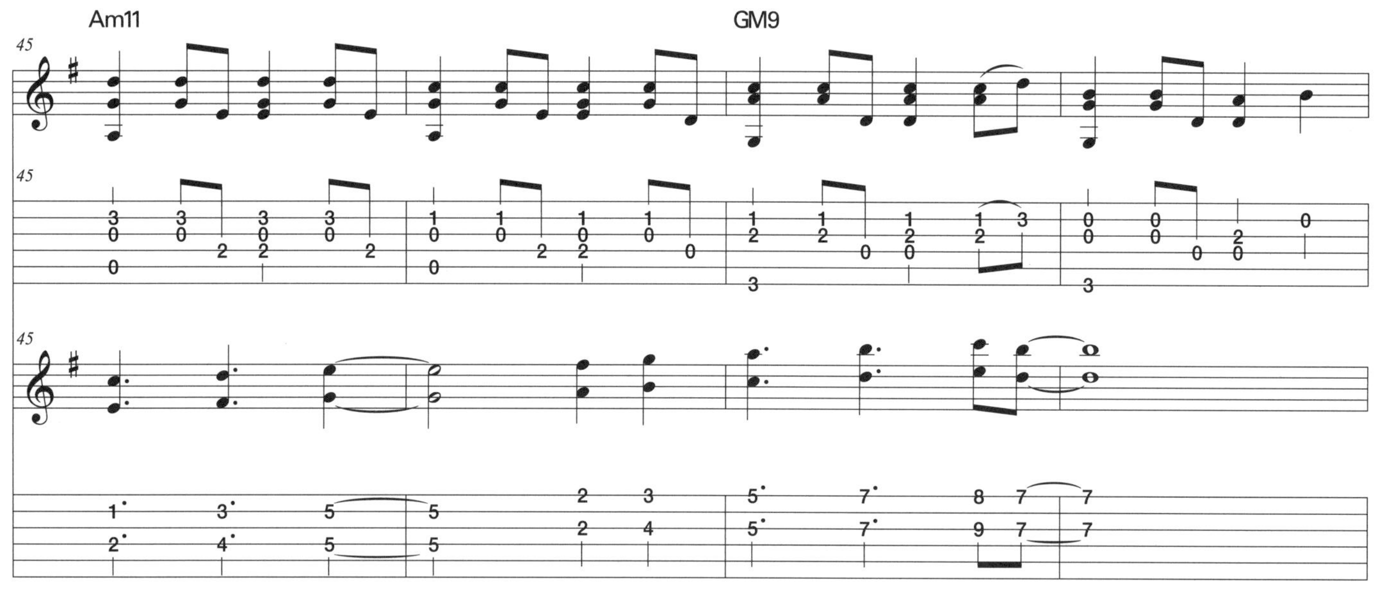

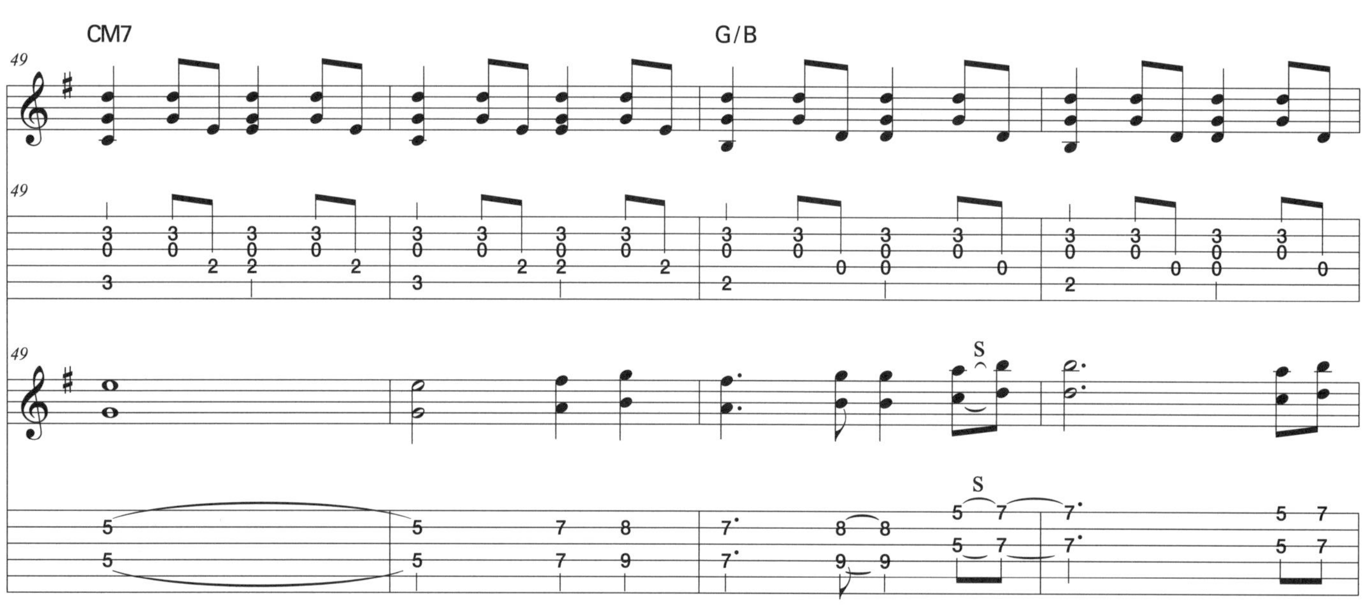

Paint it Acoustic

CM9
G/B
57
57
57

Am11
GM9
61
61
61

CM9
G/B
65
65
65

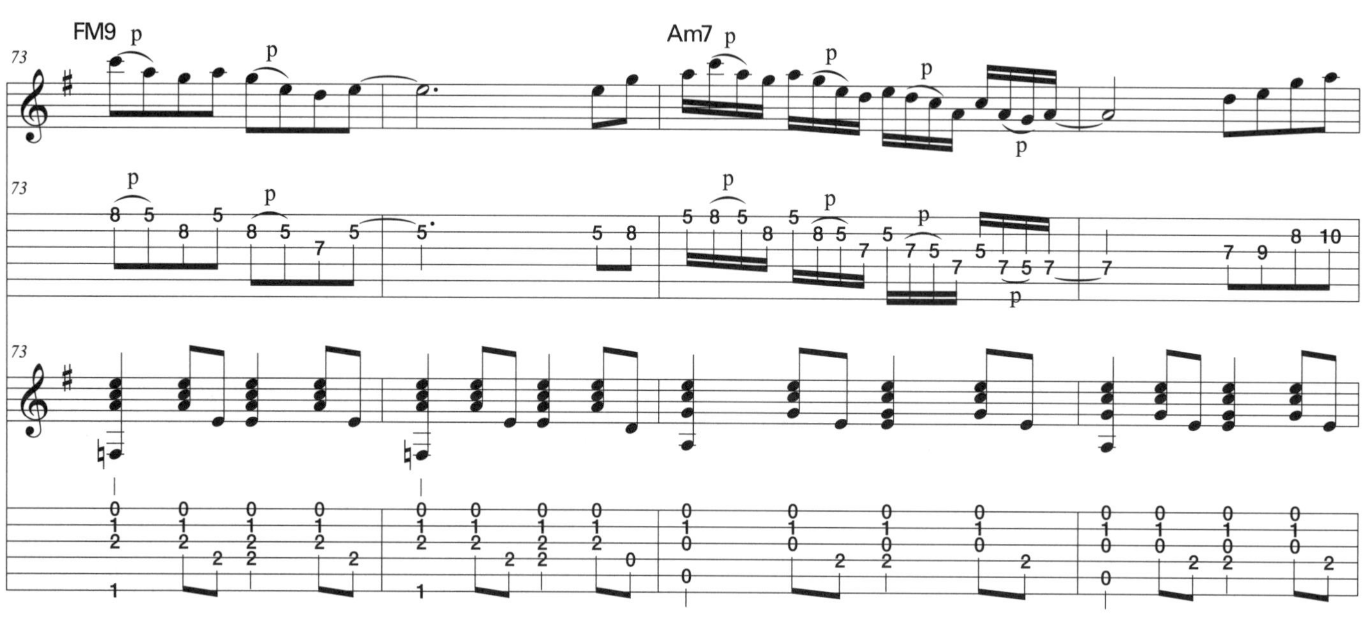

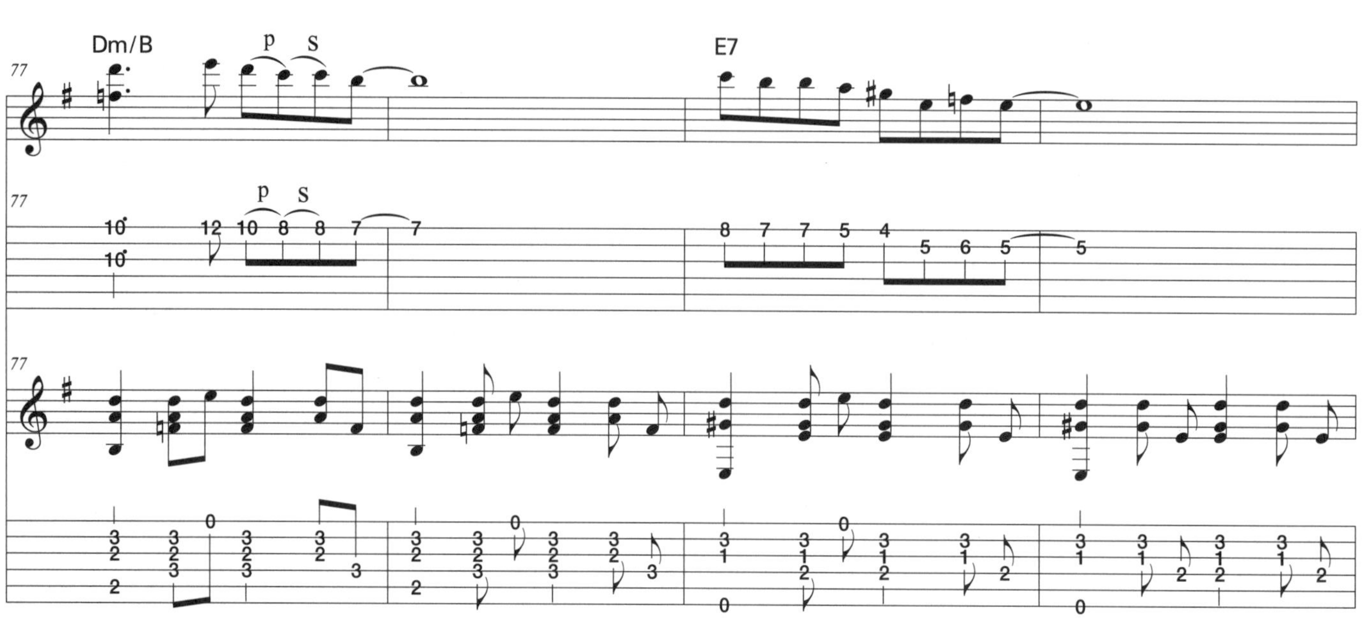

Paint it Acoustic

CM9
G/B
81

Am11
GM9
85

CM9
G/B
89

Am11
GM9
93
93
93
h
h

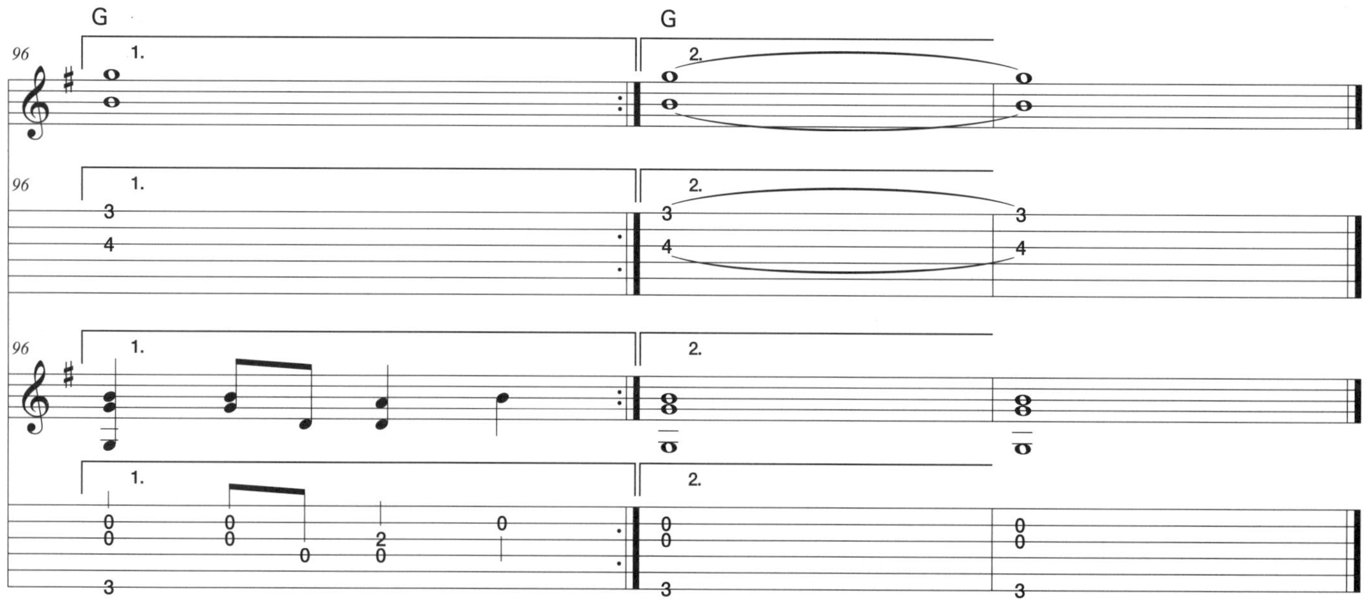

G
G
96
1.
2.
96
1.
2.
96
1.
2.
1.
2.